京都が育んだ味と技術

本格派の鱧料理127品

京料理「わた亀」

四代目　苗村忠男

五代目　高見　浩

『鱧料理』改題・廉価版

旭屋出版

まえがきに代えて

「京の鱧料理」の豊かな味わい

京料理はその食材を、新鮮な海の魚に加えて、ごりや鮎、鯉、もろこ、鰻などの川魚、近郊の蔬菜《そさい》、季節の香味などと、四季に応じて豊かな広がりがあるものです。さらには山菜の乾物、生麸、湯葉、豆腐等の副材料も用いて、主となる魚介類と相性のよい取り合わせで調理したものであり、素材の持ち味を活かし供するもの、それが京料理です。しかしながら、京都は盆地という立地であり、冬は寒く、夏は非常に暑く、五月も下旬になり見渡す木々もすっかり新緑となって少し暑さを感じる頃になると新鮮な魚の入荷が少なくなりまして、そこで我々京の料理人は瀬戸内の鱧が出回るのを待ちます。

鱧はその名の如く〝喰《は》む〟が語源といわれ、大変精気が強く生命力も永く、鮮度も落ちにくく、その身は白く味は淡泊で、暑さの厳しい京都の食材としては最良です。大きさは五〇〇～七〇〇グラムで、横におくと〝つ〟の字になるものが良く、又その身は小骨が多く骨切りをしてから調理するのが原則です。

骨切りは一寸に二十三～二十四の包丁目を入れるようにします。それが料理人の腕の見せ場です。少しオーバーのようにも思いますが、要は細かく骨切りすることです。その鱧を主材として副材料を色々合わせて鱧料理を作りますが、早朝より魚市場、青果市場で素材を仕入れ、鱧の水洗い、京野菜の下ごしらえ等を終え、午後より調理にかかり、少し涼しくなった夕景迄に何十人前もの鱧料理を調理し、仕出しの出前をし、又御座敷へも運ぶ大変な仕事です。しかしその鱧料理が献立通り見た目も美しく又美味しく出来上がった時は大変うれしく料理人冥利に尽きる思いです。

夏になり鱧料理に取り組むようになると先代の言葉を思い出します。「鱧料理は何と云っても京都や。京都でなかったら出せへん味を出せ。」その言葉を思い出しながら今日迄家業として鱧料理を続けています。又、京都の町には町内に何軒かの料理店や仕出し店があり、その店の持ち味を出し、お得意先の好みを知り、お互いに腕や味を競ったものです。そのような競争心も〝京の鱧料理〟として今日迄受け継がれているのではないでしょうか。

鱧料理には古く昔から献立にある鱧ちり、鱧焼、鱧寿司、鱧鍋、ぼたん鱧等数多くありますが、それに加え今日では新しい献立も色々調理しています。古くからある副材料に加えて、新しく副材料として使えるものもあり、当店では様々に研究し新しい取り合わせとし調理しています。

鱧は〝梅雨の水を飲んで美味しくなる〟と云われていて、六月から八月迄が最良ですが、春先から秋口迄出荷されています。毎日鱧を見ていますと一匹ずつその魚形や顔が違うように見え、ハッとすることもあり、料理に一段と力が入ります。このような鱧を春、夏、秋と色々変化させて鱧料理の献立を変え調理することは厳しいことですが、楽しみがあり鱧料理の奥深さを知り驚きます。私どもは以上のような事を考えながら毎日毎日が研究であり、料理人として一日として勉強をおこたらず次世代へ伝えてゆくことを心して料理してゆくところです。

「わた亀」四代目　苗村忠男

鱧の姿も見られる江戸時代の京の仕出し。

本格派の鱧料理127品——京都が育んだ味と技術

「目次」

本書の内容・構成について

●本書「鱧料理」―京都が育んだ味と技術―は、全五章からなります。

第一章は「京都が育んだ鱧料理」と題し、京都で昔から親しまれてきている料理を主に紹介しています。

第二章の「季節を彩る献立の数々」では、伝統的な鱧料理から新しい食材や新しい手法を用いたものなど、幅広い料理を献立の流れに準じて紹介しています。また、この章ではこれと並び、一品料理として魅力の高い料理、弁当・会席料理に組み込んだ例なども紹介し、実践の場で役立つ構成を心がけました。

第三章では鱧料理の基本的な技術をまとめて紹介しています。特に骨切りまでの技術は豊富なプロセス写真で手順を丁寧に追いました。

第四章は「鱧を味わい尽くす」をテーマに、鱧の内臓、皮、中骨等、鱧を一尾丸ごと使いこなせるよう料理と技術を併せて紹介しています。

第五章では、四章までに紹介した料理の作り方を掲載しました。

なお、第一章、第二章、第四章の各料理につきましては、解説の最後に料理制作者名を付しました。

装　丁／國廣正昭
レイアウト／遠藤茂樹
撮　影／吉田和行

京都が育んだ鱧料理

今に受け継ぐ伝統の美味

京都の夏の名物といえば七月の祇園祭。この祭りのもう一つの主役が鱧で、祇園祭は別名〝鱧祭〟とも呼ばれるほどです。鱧は、昔から梅雨の水を飲んで美味しくなるといわれ、祇園祭の頃に最初の旬を迎えます。梅肉で味わう「鱧の落とし」、なめらかに葛を打った「ぼたん鱧のお椀」、芳ばしい「焼き鱧」や「鱧寿司」などは、昔も今も祭りのご馳走に欠かせないものです。

鱧は、秋口には脂がのってきて二度目の旬を迎え、京の料理屋では初夏から秋にかけて、鱧はなくてはならない中心的な食材のひとつとなります。鱧が重用されるようになったのは、海から離れ、暑さが厳しい京の地理的条件にあるといわれますが、骨切りの技術が工夫され、幅広く調理されるようになり、現在のようにバリエーション豊かな料理が生まれるに至ったものです。京料理とは京都という土地に根づいた郷土料理でもあり、鱧もまた、京都という風土が大切に育んできた素材のひとつだといえます。出会いものといわれる松茸や小芋など、いずれも京都近隣に産するものを時期に応じて取り合わせて、これ以上ないと思われる絶妙な組み合わせも生まれてきました。ここでは、こうした京都で馴染みの深い鱧料理の数々を紹介していきます。

ぼたん鱧

やっと到来した鱧のシーズン。お椀ものではまず「ぼたん鱧」で初夏の鱧を楽しんで頂きます。この頃の鱧は皮も骨も柔らかで、旨みものってきていますから、葛を打って湯に落とす調理で持ち味を引き出します。素材で決まってしまうといわれる料理ですから、鱧は慎重に吟味します。シャリシャリとリズムよく骨切りしたら、大きめに切り落とし、身と身の間にも丁寧に葛粉を打って、余分な粉を叩き、塩を加えた熱湯に落とします。すると皮目がちぢみ、身がふっくらと、牡丹の花のように開きます。葛を打つことで旨みを封じ込めることができ、つるんとした食感も生まれます。お椀に盛り、吸い地を張ると、真っ白に咲く牡丹のように、凛と気品を漂わせます。ここでは蓴菜、管牛蒡、はす芋など同じ時季の京野菜を添え、清々しい柚子を吸い口としました。蓴菜は京都の北部、深泥ケ池のものが良品で知られましたが、今では京都産は稀少なものとなっています。

（高見）

鱧素麺

魚介のすり身を麺状に流した魚素麺は、京料理の昔からの手法で、食感の楽しさに加え、目先を変える上でも巧みな魚介の活用法といえます。鱧素麺をお椀でお出しするのは、ぼたん鱧のお椀を充分に堪能して頂いた後。何か変わったものをというご要望に応えるもので、鱧のすり身ならではの特有の弾力を楽しんで頂きます。鱧素麺はお椀のほか、先付に仕立てることも多く、喉越しのよさが食をすすめますから、夏場にはとくに喜ばれます。

作り方は鱧のすり身に白身魚のすり身を合わせ、だし汁で固さを調節します。これをだし汁のなかに細長く絞り出して火を通し、水に取ります。生地に抹茶などを混ぜて風味をつけても結構です。鱧のすり身は市販品もありますが、自家製とすれば味わいもひとしお。端身なども利用できますので手作りの味を楽しんで下さい。ここでは鱧素麺を少し太めに仕上げて存在感を出し、水晶茄子と合わせてしみじみとした趣にまとめました。（高見）

鱧と松茸の土瓶蒸し

本格的な秋の訪れとともに鱧は二度目の旬を迎えます。産卵を終えたこの時季の鱧は、身に厚さを増し、脂も充分にのっていて、夏の頃とはまた違った味わいがあります。

秋、地ものの松茸を待って、真っ先に仕立てるのが土瓶蒸しです。鱧と松茸は〝出会いもの〟と賞され、絶妙の相性をみせますから、鍋に仕立てたり、炊き合わせにしたり、晩秋まで幅広く味わいますが、鱧の旨み、松茸の香りを存分に味わうには、やはり土瓶蒸しが第一で、蓋を開けた瞬間に広がる香りは、秋がめぐってきた幸せを深く感じさせます。

おいしく作るには上質のだしを引き、ここに鱧を落としにしたときの茹で汁、そして松茸を下煮したときの煮汁もちょっと足してそれとなく旨みを加え、風味をまとめます。味加減はお椀替わりではありますが、おすましよりちょっと濃い目に調えると頃合と思います。銀杏や百合根など、秋のものを多く揃えると季節感もご馳走感も高まります。

（高見）

鱧ちり　梅醤油

〝落とし〟とも呼ばれるこの料理は、鱧のお造りを代表するもので、梅醤油でさっぱりと味わう夏の美味のひとつです。ふっくらと柔らかな身と歯応えの残る皮の存在感が身上で、その昔、鮮魚に乏しかった京だからこそ生まれた味わいか、鮮魚を生で切りつけるお造りとは別種の魅力があります。骨切りした鱧を、塩を加えた熱湯に落としますが、身が白くなり、切り目がきれいに開いところで、即座に氷水にとります。火を通しすぎると皮が柔らかくなってしまいますし、氷水につけすぎると旨みが流れ出ますから、冷めたらすぐに引きあげます。ぼたん鱧同様、素材が決め手となりますから、皮も骨も柔らかい旬の鱧で、きちんと活〆にされた鮮度のよいものを使います。そうでないと、どんなに丁寧に骨切りしても身がきれいに開きません。また、下ごしらえの際、皮目のぬめりをしっかりと除いておくことも大切です。氷を敷いた器に盛って、涼やかにすすめます。

（高見）

水晶鱧　蓼醤油

〝千枚落とし〟といって一目で切り落とした鱧を、天火であぶって透き通るように仕上げたお造りです。水晶鱧は大きめの場合、あぶったあと、冷水に取って冷ましますが、一枚落としの場合、冷水ではなく、団扇などで素早くあおいで冷まし、旨みを逃がさないよう仕上げます。ここでは香りのよい蓼醤油を添えて、いっそう涼しげな印象に仕立てました。山葵酢や酢味噌など、酢の酸味とも合いますが、いずれもだしを加えて、まろやかな味わいに調えます。

（苗村）

水晶鱧の焼き目造り

芳ばしい焼き目が食欲をそそるお造りです。強い火力で短時間のうちに火を通すことで、旨みを封じ込め、同時に生臭みも除きます。シンプルなだけに素材のよしあしが問われ、脂が充分にのってくる盛夏から初秋、鱧の盛りの頃に作られるものです。

（苗村）

鱧の源平焼き

つけ焼きと白焼きの二種の食べ味の違いを楽しんで頂けるよう、ひと皿に盛って源平焼きとしました。つけ焼きと白焼きでは火の入れ方を変えていきます。白焼きはかりかりに仕上がるよう身側六に対し、皮四の割合で火を通し、つけ焼きは身側八、皮二の加減で、白焼きよりふっくらと仕上げます。焼きだれは鱧の持ち味を活かすよう甘みを加えずあっさりとさせます。また、白焼きは塩だけをふるのが一般的ですが、身側に一度だけ酒を振ると、生臭みもなく、風味もよくなります。青梅の含ませ煮を添えて初夏の趣です。（高見）

鱧の宝楽焼き

鱧のほか、鰻や穴子など脂分が多く、旨みが濃厚な魚で作ることの多い料理です。いずれも焼きだれをかけてつけ焼きにしたものを使い、卵地の味に負けないように仕上げるものです。宝楽の名の通り、さまざまな素材が盛り込まれる料理ですが、ここでは鱧を主に味わって頂くため、百合根等を加えるにとどめました。秋だけでなく、夏の暑い盛りにこそ熱いものを食べて頂きたいと考え、鱧のシーズンを通してお出ししています。大きな宝楽の器で供し、客席で取り分けてすすめると、驚きが出て、喜んで頂けます。（苗村）

鱧の岩石焼き

〝岩石焼き〟はその形からいわれる焼きものの料理法で、鱧同様に小骨の多いかますなどに使われる古くからの手法です。一枚で切り落とした鱧の身を、ごつごつとした岩のイメージで重ねていき、天火でゆっくりと焼いて中まで火を通します。整然ときれいに重ねてしまっては、この料理の持つ力強さが損なわれてしまいますから、あくまでも自然に重ねてゆきます。ここでは幽庵地に漬けていますが、特に決まりではなく、塩をして焼くだけでも結構です。幽庵地に漬ける場合、長時間漬けすぎると味が入りすぎ、また、地を濃いめに仕立ててもくどくなるので、加減が必要です。松の実は見た目の面白さに加えて、食べるときの歯応えを考えて取り合わせたもので、塩焼きする場合は黒胡麻が合うと思います。いずれも鱧の身に八分通り火が通ってから散らし、焦げるのを防ぎます。塩焼きには蓼酢や木の芽酢などを添え、さっぱりと香りよく召し上がって頂きます。

（苗村）

鱧松茸鳴門巻き

京都の秋には欠かせない、鱧と松茸。この出会いものを使ったご馳走の炊き合わせです。秋の鱧は脂はのっていますが、徐々に身や骨が硬くなってゆきますから、少しじっくりめに煮込む料理に適しています。

鱧で松茸を巻き込むこの料理は、松茸の香りが鱧にほどよく移り、鱧と松茸の美味しさが一緒に味わえるものです。ここでは、松茸の軸のみを巻き込んで、しゃきしゃきとした歯ごたえを楽しんで頂きます。軸はあらかじめ煮含めておくと、鱧で巻いて炊くときにも形が崩れません。松茸の笠は別に炊いて盛り合わせ、ご馳走感を高めます。ほかに、季節の秋茄子と出始めの海老芋を炊いたものを取り合わせましたが、茄子はあらかじめ素揚げにして色を出してから含め煮にしたもので、海老芋は六方にむいて下茹でしてから、白煮にしました。これらをざっくりと大鉢に盛り込んで、取り回しの趣向にしています。天に柚子をあしらって香りを添えました。（高見）

鱧の子と落ち小芋の炊き合わせ

鱧は六月から七月にかけて最も多く子を抱く時期です。ちょうどその頃に出始める小芋と鱧の子も出会いものといわれ、このように炊き合わせにして相性のよさを楽しみます。鱧の子は少し濃いめの甘辛に炊いてから卵でとじ、小芋は白さを活かすようかつおだしで淡味に炊いて取り合わせます。柚子をたっぷりめに振り入れると爽やかで、京の生活に根づいた自慢の味わいといえます。鱧の子は下処理に手間がかかりますが、丁寧に手をかけることで生臭みのない子になります。卵とじは、卵の半量を炊いた子にかき混ぜ、残りは穴杓子を通して回し入れるとふんわりと優しい口当たりに仕上がります。

（高見）

鱧の黄金煮

生の鱧と葱を一緒に煮込んで卵でとじる料理で、昔から京都で親しまれてきた料理のひとつです。黄金煮の名前通り、全卵ではなく卵黄のみを使って黄金色に仕立てるのが決まりで、本来なら鱧と葱を合わせて炊くものですが、ここでは九条葱を別に煮てあしらいとし、家庭とは別の趣に仕立てました。鱧の出始めから出盛りまで時季を選ばず、その時々の鱧でおいしく作ることができますが、ことに盛夏におすすめしたいと考え、義山（ギヤマン）に盛って柚子を添えました。暑い季節に熱々の料理も意外と喜ばれるもので、食べた後の爽快感が好印象として残ります。木の芽や山椒の風味を添えてもよく合います。（苗村）

鱧寿司

梅雨の水を飲んで旨くなるといわれる鱧は、梅雨明けの頃に行われる祇園祭と縁が深く、祇園祭は別名鱧祭りといわれるほどです。祇園祭のご馳走のなかで、鱧寿司はぜひとも味わいたいものの筆頭で、京都の人達には特別な料理といえます。芳ばしく焼いた鱧の身の旨さ、山椒のぴりっとした独特の辛味。蒸し暑い京の夏でも鱧寿司なら食がすすみます。鱧一尾を丸ごと使う贅沢なものですが、ダイナミックに作ってこそ、本来の味わいが生まれます。また、すべての行程において仕事の確かさが要求されますから、丹念に仕上げてゆきます。骨切りの仕方、つけ焼きの加減、すし飯との微妙なバランスなどに加え、まず鱧寿司にして適当な大きさの新鮮な鱧を選ぶことで、一本五〇〇〜六〇〇グラムのものが最適です。カリッと焼いた鱧とすし飯は意外と添いにくいものです。切り口の美しさもご馳走ですから、すし飯はしっかりとまとめ、巻き簾で形よく馴染ませて仕上げます。（高見）

鱧の押し寿司

まったりと炊いた鱧に、甘い煮つめをぬった押し寿司は口当たりが柔らかでお子さんからお年寄りまでどなたにも好まれるものです。炊いた鱧の身を薄くのして使いますから、つけ焼きや白焼きにした鱧の身や端身を利用することもでき、冷凍ものも使えます。手間はかかりますが、一尾の鱧から二、三十人分は作ることができ、鱧を気がねなく味わって頂くには最適です。

鱧は焼いたものを用意し、指で身をほぐしながら皮をはがしていきます。このとき、活かった鱧より、しまった鱧の方が身離れがよく、はがしやすいようです。これをだし汁に淡口醤油、酒、みりん、砂糖で甘く調えた地で汁気がなくなる寸前まで炊き、汁気をきってから庖丁の腹でのしてはすし飯に貼り、箱で押します。鱧のかわりに鰆の身で代用することもあります。

（高見）

松茸と鱧の酒蒸し

脂ののってきた秋の鱧と香り高い松茸を酒蒸しにしたシンプルな料理で、素材の持ち味と相性の良さをストレートに感じとって頂けます。鱧と松茸は出会いものだけに数々の料理が作られますが、この蒸し物はシンプルなところが魅力ですから、あれこれ手は加えず、良質の材料を丁寧に下ごしらえして、素材の美味しさを引き出すことを身上とします。

一品料理としても魅力の高い品ですが、コースでお出しする場合は、あつものの他、鉢もの、あるいは焼きもの替わりとしてもよく、大鉢で供すると別種の趣となります。

松茸と鱧を、昆布と酒で風味よく蒸したら、まずそのままで味わって頂きます。あとはすだちを絞ったり、あるいはぽん酢醤油と紅葉おろしでと変化をつけてすすめます。この料理に添えるぽん酢醤油は、酸味が爽やかなすだちの絞り汁が合います。濃口醤油とみりんをねかせて味をまろやかにしたところにすだちの絞り汁を合わせて使います。

（苗村）

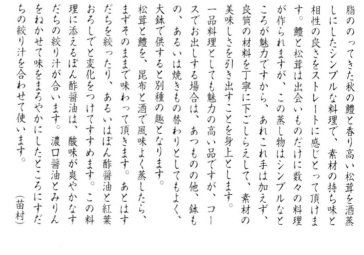

鱧と松茸の鍋もの

鍋の温かみが喜ばれる頃、鱧もそろそろ終わりとなります。この時季、出会いものの松茸とともに、ちょっと贅沢な鍋に仕立て、名残りを惜しみます。ほかに加えるものは葱や粟麩など最小限にとどめ、鱧と松茸の旨みを存分に楽しんで頂きます。だし汁には、中骨を煮出しただしと落とし の茹で汁も加え、味に深みをつけます。鍋地はあっさりと味つけしますから、だしの風味も最後までおいしく味わうことができます。

葱は、京都では九条葱を使うことが多く、歯当たりが柔らかで色みも添えますが、根深の白い部分を使うのもおすすめで、柔らかく煮えた頃にはだしを吸っておいしくなります。鍋の締めくくりは、ご飯やうどんを用意して、鱧の旨みと松茸の風味が移ったところを楽しんで頂きます。食べ終えて、次の鱧のシーズンがもう待ちどおしい、しみじみとした味わいの鍋ものです。（高見）

鱧の柳川

柳川はもともとは、どじょうに牛蒡を取り合わせ、卵で半熟にとじる鍋料理のことですが、どじょうを鱧に代えてもよく合います。鱧を使った柳川は京では以前から作られているもので、どじょうの柳川と同じく盛夏の料理として喜ばれます。

この料理には牛蒡の風味が欠かせないもので、しゃきしゃきと歯応えも楽しく仕上がります。また、鱧の臭みを消し、旨みを引き立てる上でも牛蒡は必要です。やや太めにささがいて、アクを抜きすぎないよう注意し、食感よく、風味よく仕上げます。新牛蒡が出回る時季、季節の食材の相性を楽しみます。

作り方は、太めにささがいた牛蒡を並べおき、その上に鱧の落とし、ほかに口当たりに変化をつける茹でた茄子、そして鱧の肝を中央においで煮ます。すべての味がうまく混ざったら、卵でとじて旨みを封じこめます。粉山椒をたっぷりと振ると、いっそう食をそそり、暑気払いに格好の品といえます。

（高見）

季節を彩る献立の品々

料理屋の献立にみる鱧料理

鱧の時季は初夏から秋までと限られてはいますが、この間、季節は豊かに変化してゆきますから、それに応じて鱧の料理も工夫し、新鮮な魅力を打ち出せるよう心がけます。鱧の淡泊な旨みは調理法を選ばず、また幅広い素材ともよく調和しますから、オリジナルの料理を多彩に生み出すにも格好の素材といえます。ここでは、伝統的な品からオリジナルの料理まで、献立に組み込んで頂ける鱧料理を幅広く紹介します。

鱧は必ず活かったものを選ぶようにしますが、大きさは用途によっても違いますが、小さすぎるとおろすのが大変で、四五〇～七〇〇グラム位のものが使い勝手がよく、大きすぎると身、皮、骨ともに固くなる傾向があります。逆に、大きすぎると使える身の部分も少なくなります。季節によっても鱧の質は異なり、おのずと調理法も変わります。夏のものは全体に柔らかいので、お造りや揚げものなど幅広い調理に合いやすく、秋のものは骨や身は固くなりますが、脂がのっているので、煮込んだり蒸す料理に格好です。焼きものには身の厚い太めのものを選びます。献立の流れを大切に料理を調えますが、いずれにしても、奇をてらった料理でなく、その時々の鱧の個性に見合った調理法を選ぶことが大切です。

鱧のカピタン漬け

片栗粉をまぶして旨味を封じ、カリッと揚げた鱧をカピタン漬けにしました。漬け地には梨を加え、フルーティーで上品な甘さに調えています。酢の酸味がまったりとした食べ味をさっぱりとまとめています。（高見）

鱧の梅ゼリー寄せ

獰猛な鱧に似つかわしくないくらい優しい雰囲気に仕立てました。松葉をはずすと、可愛らしい桃色のゼリー寄せが現れるという女性好みの前菜です。ゼリー地の梅肉もだしでのばして柔らかな味にしました。

（高見）

鱧の羽二重蒸し、丸煮こごりのせ

氷を敷いた義山（ギヤマン）に羽二重蒸しを涼やかに盛りました。茶碗蒸しとすっぽんの煮こごりは、同じ位のとろりとした加減にまとめ、喉越し爽やかに仕上げます。鱧の落としとよく合い、滋味に富む味わいです。
（高見）

〈前菜・先付〉の料理

前菜・先付の料理は、この後に続く献立への期待を抱かせるものが望まれます。鱧の最初の時季である初夏から晩夏にかけては、爽やかさや涼やかさが求められますが、献立全般にこうした要素を盛り込んでいくことを考えれば、過剰な演出は避け、控えめながらも心意気を感じとって頂けるよう、季節の風味を取り合わせます。ここでは喉越しのよいゼリー寄せを多く紹介します。酸味のある小鉢ものも相応しいものですが、酢の味が勝ちすぎないよう、優しい味わいに仕上げて食をすすめます。

鱧は秋口に二度目の旬を迎え、脂がのって身も厚くなります。この時季には、少しまったりした味が喜ばれますから、少なめの量で、満足感を深めるもの、食欲を呼び起こすものをお出しします。

鱧の紫陽花ゼリー

鱧の落としに、梅肉ゼリー、すっぽんのゼリーと、色の違う二種のゼリーをのせて、紫陽花に見立てた初夏の前菜です。ゼリーは固めに寄せて切り口に輝きを出します。お造り替わりとしても喜ばれます。（高見）

鱧のゼリー落とし

鱧を熱したゼリー地に落とし、表面だけに火を入れます。バットなどにあげて粗熱をとると、ゼリーが程よく絡まって口当たりもなめらか。蓼と梅肉の二種のゼリー地を使って風味に変化をつけました。（高見）

鱧の胡瓜巻き

鱧の落としを桂むきの胡瓜で巻き込み、ほのかな酸味の土佐酢に漬けて、食べよくまとめました。お弁当にも喜ばれるひと品で、白瓜でも同様に作れます。添えは山の珍味と呼ばれる岩梨を焼酎に漬けたものです。（苗村）

水晶鱧と白ずいき、白瓜の胡麻酢和え

一目落としの水晶鱧に、白ずいきや白瓜という歯ごたえも涼やかな野菜を合わせ、夏向きの先付としました。胡麻酢は、胡麻の芳ばしさと風味を活かしたいので、酸味はごく控えめに仕上げます。

（苗村）

水晶鱧の山葵和え

鱧とともに山葵もおいしく召し上がって頂こうというひと品です。山葵は割醤油に漬けて辛みを少し抜きますが、シャキッとした歯ごたえと、ほどよい特有の辛味が、水晶鱧とよく合い、食をすすめます。

（苗村）

鱧ともずくの酢のもの

つるりとしたもずくに、叩いて粘りを出したモロヘイヤを添えますが、オクラを叩いたものもよく合います。落としの鱧は存在を持たせて盛り、歯応えのよい独活と茗荷、柚子の香りで食をよりすすめます。（苗村）

鱧とろろ汁

芳ばしいつけ焼きの鱧に、心地よく喉を通るようだしでのばしたつくね芋の組み合わせ。ほどよく冷やしてすすめると、胃に優しく食がわきます。焼き海苔の香りも大切で、供する直前に添えます。（苗村）

鱧の和えもの　五種盛り

洗い、湯引き、焼霜造りと三種の技法で調えた鱧に、鱧の肝、梅肉、このこ、雲丹、菊花と、風味にアクセントのあるものを相性よく取り合わせました。少量ずつを盛って、幅広い味わいを楽しんで頂きます。（高見）

鱧しんじょの吸いもの椀

秋はまったりした味が恋しく、この季節の椀種には昔から鱧しんじょがよく当てられます。しんじょは卵黄やサラダ油、帆立の貝柱を加えてこくをつけ、まったりと仕上げます。少しだけ艶《あで》やかに椀づまを添えます。

（高見）

鱧とずいきの吸いもの椀

水晶鱧と赤ずいきに胡瓜を添えたお椀です。赤ずいきは切り口がきれいにたつよう下茹でするこどがポイントです。また、胡瓜は黄色いひね胡瓜を使うと、火を通してもシャキッと歯応えよく仕上がります。（苗村）

水晶鱧の冬瓜すり流し椀

鱧のお椀に冬瓜を使う場合、短冊に切ることが多いのですが、手をかけてすり流しにしました。冬瓜の緑色をきれいに出すには技術が必要。煮汁が煮立ったら素早く流し入れ、色をとばさず火を入れます。（苗村）

萩しんじょの吸いもの椀

しんじょ地に銀杏と小豆を飾って萩しんじょとしました。天にはすすきを表現した柚子をのせ、しみじみとした初秋の風情の演出です。ここでは香りのよい舞茸ですが、何かしらやはりきのこは欲しいところです。

（高見）

〈椀盛り〉の料理

椀盛り（椀もの）は献立中、最初の見せ場であり、料理人の腕のみせどころです。蓋を開けたときの香り、椀種と椀づまの彩りや味わい――いずれもおろそかにできませんが、とくにだし汁の風味には気を配ります。ほんのかすかであっても生臭みが感ぜられたら、献立全体の印象が台無しとなってしまうからです。

鱧のお椀では、時季の幕開けからしばらくはぼたん鱧。純白の身は、風格があり、気品に溢れるものです。秋になると土瓶蒸しが圧倒的に多くなります。この時季の狭間、目先の変わったものをお望みの方には、鱧素麺に仕立てたり、水晶鱧のお椀など、鱧の別趣のおいしさを味わって頂きます。秋には、しんじょを椀種にすることも多く、しっとりとした口当たりが喜ばれます。

鱧の菊花椀

重陽の節句にちなんだ椀盛りで、しんじょ地に二枚落としの鱧を張って菊の花に仕立てました。しんじょ地に混ぜた黄菊が彩りのアクセント。吸い口としてすだちを絞り入れ、風味をきりっとまとめます。（高見）

寄せ鱧の菊花あん

一枚落としの鱧を無造作にしんじょ地に張り、岩石を思わせる椀種に。重なりあった鱧がはがれないよう、軽く蒸してから炊きます。とろみをつけた菊花あんをたっぷりめに張り、山葵とともにすすめます。（高見）

鱧の豊年椀

黄金色の稲穂が頭を垂れる頃、豊作を祝って米や稲穂を料理に取り入れます。油ではぜさせた米を鱧にまぶして衣揚げとし、これを下煮してから椀種に使います。松茸も添えて、味わい豊かなご馳走の椀盛りです。（高見）

鱧のすり流し

鱧のすり身をだし汁でのばして葛をひき、喉越しよくとろりとまとめました。きりりと冷やしたところを青竹の器ですすめ、そのまま飲んで頂きます。シンプルな仕立てですから、清々しい竹の香りが引き立ち、涼やかとなります。おしのぎにもおすすめです。（高見）

❶鱧の身を当たり鉢でよく当たります。

❷滑らかになったら、だし汁と合わせます。

❸火にかけ、粒が出きたら葛を加えます。

❹よく混ぜとろみがついたら冷まします。

鱧つみれの冷やしスープ仕立て

炊いたつみれのふんわり感と揚げたつみれの香ばしさ。二種のつみれが楽しめる洋風趣向の椀盛り替わりです。冬瓜には暑気払いの効果がありますから、器ごとスプーンで召し上がるようすすめます。（高見）

【向付・お造り】

鱧の洗い

氷水で洗った鱧を梅肉風味のたれですすめますが、梅肉はオリーブ油でのばして酸味を和らげ、さらに粉山椒で味を引き締めました。洗い用の鱧は特に鮮度に留意し、皮目のぬめりも丁寧に落とします。

（高見）

鱧ちりの子まぶし

ふんわりした鱧に合わせた鱧の子の舌触りが何ともいえない美味しさを生み出します。より美味しくなるよう、下処理は丁寧に行ない、生臭みをきちんと取ることが大切です。濃いめの辛子酢味噌で風味よくすすめます。(苗村)

〈向付・お造り〉の料理

お造りの代表格といえば鱧ちりですが、洗いや湯引き焼霜造りなど、いずれも鱧の持ち味を活かすものです。鱧の時季は短いようで長いもの。新しい工夫も理に適っていれば、目先が変わり喜んで頂けます。ここでは、つるんと喉越しのよいしんじょを向付に仕立てた例や、奈良漬けの風味を添えて和えもの風にまとめた品、油通ししてコクを出したお造りなども紹介します。つけ醤油は、鱧に梅肉は夏の定番ですが、他に土佐醤油、煎り酒、ちり酢、辛子酢味噌などで味わいに変化がつけられます。

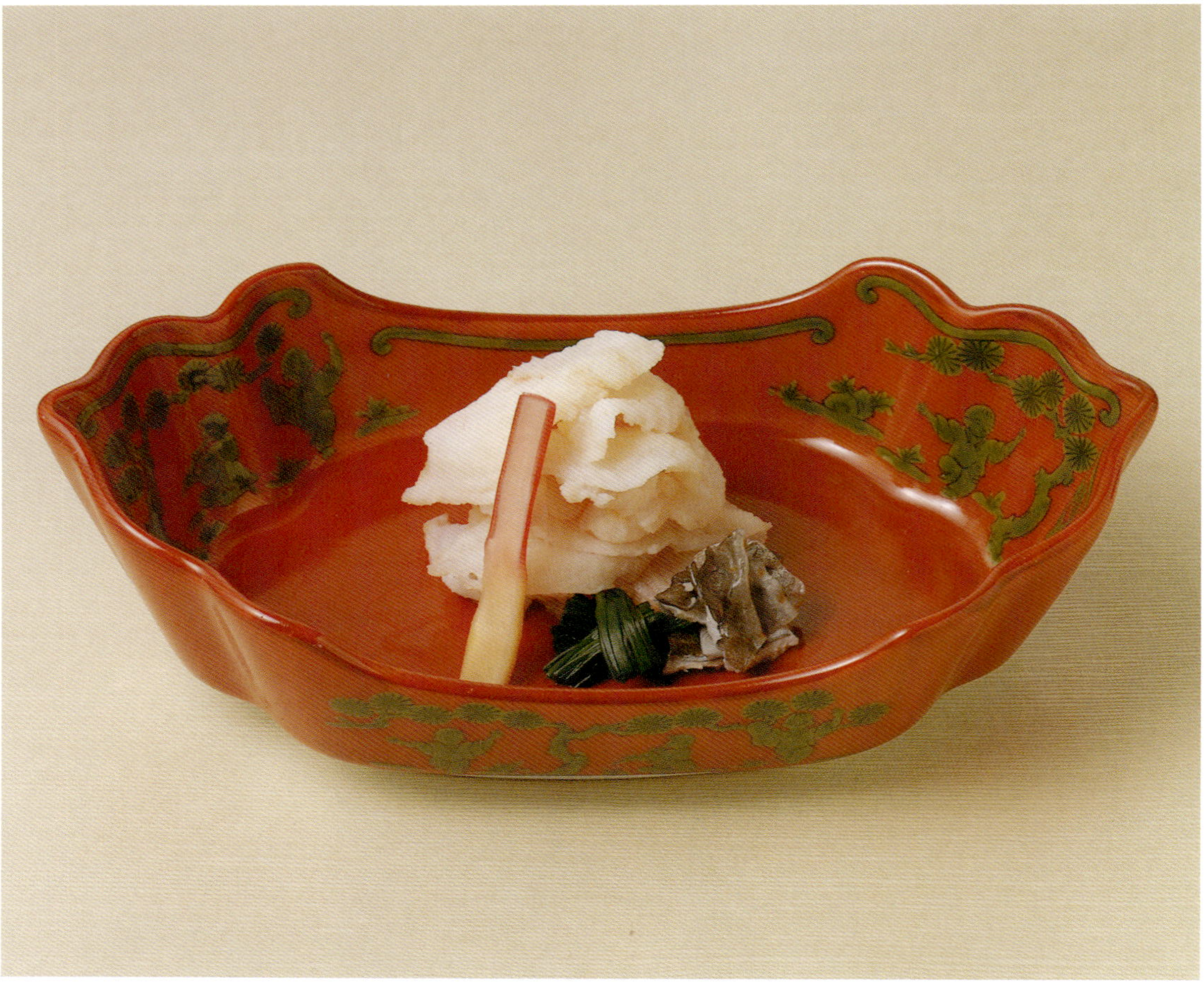

鱧の湯引き

湯引きにして、落としとはひと味違う口当たりにしました。低温の湯でじっくり火を入れることで、ぷりっとした弾力と甘みが楽しめます。ゆがいた鱧の皮も一緒に添え、つるんとした食べ味を楽しんで頂きます。（高見）

鱧の焼霜造り

上質で新鮮な鱧が手に入ったら、焼霜造りに仕立てるとよく、新たな鱧の旨味が楽しめます。皮目を強火であぶって香ばしく仕上げ、生のままの身側との対比を味わって頂きます。ちり酢でさっぱりとすすめます。

（高見）

水玉鱧

鱧のしんじょをお造りに仕立てた、目先の変わった面白みのある品です。ふんわりとした口当たりに、すっきりとした山葵酢がよく合い、盛夏の頃にも箸をすすめます。落としの鱧と盛り合わせても喜ばれます。（苗村）

鱧と奈良漬けの和えもの

鱧と奈良漬けを和えもの風に仕上げました。意外な取り合わせのようでいて、味も歯触りもバランスよくまとまって、幅広い方に喜んで頂けます。奈良漬けは軽く味を落とす方が鱧との馴染みがよいようです。(高見)

鱧の油通し

脂がのってくる秋の鱧で作って頂く向付です。皮目に熱々の油をじゅっとかけ、表面はカリッと、中はレアーに仕上げます。揚げた花穂を添え、おろした大根、生姜と一緒に、コクのある旨みをさっぱりと食べて頂きます。(高見)

骨切りした鱧に串を打ち、高温の油を皮目にかけます。

【焼きもの】

鱧の八幡巻き

初夏の鱧と香り高い新牛蒡もまた、出会いのもの。八幡巻きにして相性のよさを堪能して頂きます。牛蒡を管にして八方地で煮含めたら鱧で巻き、みりんを加えた少し甘めの焼きだれでつけ焼きにします。

（高見）

鱧の遠山焼き

新緑に溢れるまぶしい初夏の山を表現した料理です。衣は茹でたほうれん草に木の芽を添えて当たったもの。メレンゲにした卵白を加えてふわっとさせますが、卵白が多いと白っぽくなるので注意します。（苗村）

鱧の雲丹焼き

雲丹焼きは、卵黄でのばした練り雲丹を塗って焼くのが一般的ですが、ここでは贅沢に生雲丹をたっぷりと使いました。焼いた雲丹のほっくりとした甘さが鱧の味わいを引き立てる目先の変わった品です。（苗村）

鱧の田楽

田楽は春に相応しい料理ですが、京都特産の枝豆・紫頭巾を玉味噌と合わせて、夏に喜ばれる料理としました。前盛りは、プルーンを赤ワインで煮たもので、鱧だけでなく魚料理全般によく合います。（高見）

鱧の一夜干し

鱧の一夜干しはちょっと珍しいものですが、身肉の水分が程よくとび、旨味が増します。焼きあがりに酢をかけてしっとりとさせ、おろし胡瓜と共にさっぱりとすすめます。酢のものとしてもお出しできます。（高見）

鱧の変わり八幡巻き

柔らかく煮含めた海老芋を鱧で巻いて焼きます。焼くと鱧の皮が縮まり、芯の海老芋もギュッとしまって味に一体感が生まれます。同時に切り口も冴えて、海老芋は裏漉ししたかのように滑らかに見えます。

（高見）

〈焼きもの〉の料理

焼きものは、造り、椀ものに並び、献立の見せ場ですが、鱧の焼きものでは、白焼きとつけ焼きがまず基本となり、衣や手法の変化で幅広く料理されます。身の旨みを凝縮させ、芳ばしく仕上げるのが焼きものの身上ですが、かりっと焼き上げるのか、ふっくらさせるのかなど、料理ごとに微妙に焼き加減を変えて、持ち味を引き出します。ここでは伝統的な鱧料理に加えて、朴葉焼きや石焼きなどシズル感の高い料理や洋風のソテーにソースを添えたものなど、鱧という素材で応用の幅の広さも工夫してみました。西京焼きや風干しなども、鱧の料理としては意外と珍しいものです。とくに西京漬けは、身が締まった鱧を使っても、味噌床につけることで柔らかく仕上がりますから便利な品と思います。

鱧の朴葉味噌焼き

もとは朴の落ち葉で味噌を焼く飛騨地方の料理で、きのこや生姜、葱など身近な材料で作る素朴なものです。ここでは鱧、帆立の貝柱、車海老で、彩りよくご馳走感のある料理に仕上げました。ぐつぐつと煮え立つうちに朴の香りがしみじみと拡がって、深まりゆく秋を感じさせます。（高見）

鱧の味噌幽庵焼き

大ぶりの宝楽に、焼き目甘栗、長芋のろう焼きなど、秋の料理を賑やかに盛り、ダイナミックに仕立てました。鱧の味噌幽庵焼きは、松茸、すだちとともに杉板焼きとし、立ち昇る香りも楽しんで頂きます。（高見）

石焼き鱧

熱々に焼いた石で、酒盗和えの鱧を焼きながら食べて頂く趣向です。酒盗は塩気がありますから、供する直前にさっと和えるようにします。ジュッと焼いて、まずそのままで、次いで土佐酢やすだちですすめます。（高見）

鱧の柚香西京焼き

西京焼きは幅広い白身魚に合いますが、鱧で作るのは稀と思います。味噌の作用で身が柔らかくなりますから、硬直した鱧の身にも適した調理といえます。骨切りするか否かで漬け加減を変えていきます。（高見）

鱧の柚釜焼き

落としの鱧と海老、本しめじ、百合根などをコクのある玉味噌とともに柚釜に詰め、焼き目をつけて仕上げ、紅葉形の大皿に盛りました。黄柚子の上品な香りが全体をまとめた晩秋を演出する料理です。（高見）

鱧のソテー　白胡麻ソース

鱧を油でソテーし、洋風にまとめました。油にはが香りがマイルドでヘルシーなグレープシードオイルを使い、白胡麻ソースは溶かしバターの風味を活かし、洋風ながら和の献立に合うひと品となりました。

（高見）

冬瓜の鱧そぼろあんかけ

冬瓜の鱧そぼろあんかけは穏やかな優しい味わいで初夏の炊き合わせに格好のもの。冬瓜はとても淡泊なものですが、銀あんをかけることで持ち味が活きてきます。そぼろの鱧は控えめながらも存在感を出します。　（高見）

鱧の冬瓜饅頭 大葉蓴菜あんかけ

饅頭のあんには甘鯛や鶏肉を使うのが一般的ですが、鱧もまたよく合います。冬瓜に鹿の子の庖丁を細かく入れると、きれいな丸にまとまりますし、箸を入れるとすんなり割れ、鱧がすぐに現れる趣向です。(苗村)

鱧の養老巻き

つけ焼きした鱧を芯にかんぴょうで巻いて炊きますが、六、七月の新物のかんぴょうで作ると柔らかく炊きあがります。竹串が抵抗もなくすーっと入るまで煮含めたら、端整な切り口をみせて盛ります。(高見)

鱧と汲み上げ湯葉の玉〆

汲み上げ湯葉ならではのとろっとした口当たりが楽しい卵とじです。鱧は骨切りしたものを生のまま使い、湯葉にも旨味を含ませるよう炊きます。ほどよくだしが出たら、素早く卵でとじておいしさを封じ込めます。（苗村）

〈炊き合わせ〉の料理

鱧が炊き合わせに適している時期は秋です。骨も身も少しずつ硬くなってゆきますが、脂はうんとのっていますので、ゆっくりと炊いて柔らかくし、鱧の味で全体をまとめるというのは、昔ながらの知恵で、理に適ったものと言えます。

夏の炊き合わせは脂分を軽く抜いた落としの鱧でさっぱりと仕上げ、秋には生の鱧を使い、煮汁や取り合わせの材料にも鱧の旨味を十分に含ませ、味をまとめます。油で揚げてコクを加えたものを煮含め、柔らかく仕上げるのも秋の鱧には適した料理法といえます。叩いた鱧をあんや、練り味噌の中に合わせたりもしますが、叩いた鱧からはかなりの旨味が出て、少量を使うだけで鱧の存在が感じられます。季節を追って鱧の調理を工夫するのも楽しいものです。

鱧の飛龍頭　蟹あんかけ

鱧も時季が終りに近くなると、脇役的に使われることも多くなってきます。ここでは鱧の落とし《(※)》を百合根、銀杏とともに具に使い、秋らしい飛龍頭としました。蟹あんをかけ、山葵とともにおすすめします。

（高見）

鱧の揚げ煮

秋が深まると鱧は身も骨も硬くなってゆきますから、調理の工夫で味良く楽しむようにします。揚げ煮にするのも一法で、油で旨味をつけてから、ゆっくりと煮含めます。味に深みが出て、柔らかく仕上がります。

（高見）

鱧の印篭煮 水晶茄子添え

鱧を開かずに丸のまま骨切りするのも伝統の手法です。筒状に落とした後、白焼き、蒸しと丁寧な行程を経てから、甘辛味にじっくりと炊きあげてゆきます。八寸にもよい品で、ここでは揚げ煮した水晶茄子を添え、鮮やかな器に盛って、色味よく仕上げました。（高見）

❶鱧は丸のまま片面ずつ骨切りします。

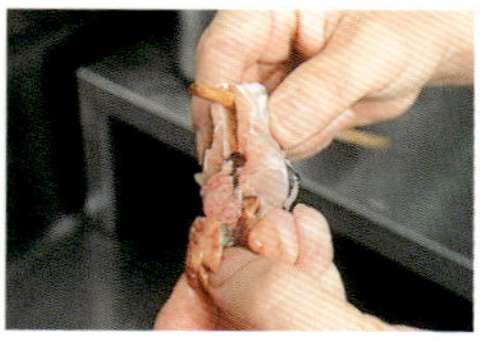

❷筒切りにし、菜箸でわたを除きます。

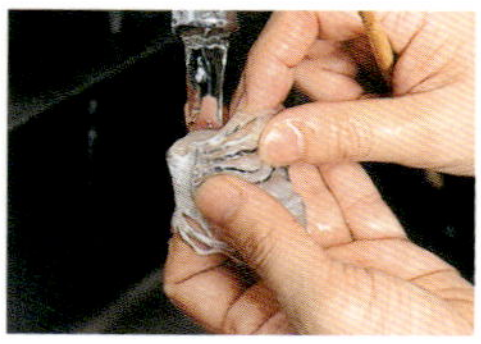

❸わたを除いたら、丁寧に水洗いします。

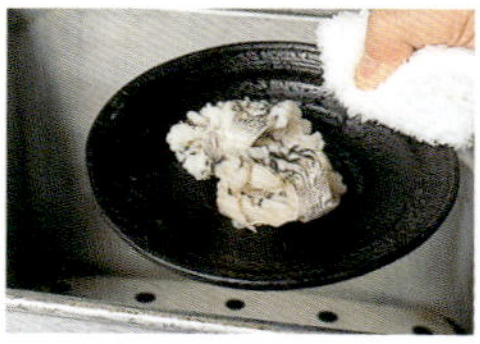

❹白焼きして身をかためてから蒸します。

❺10分ほど蒸したら中骨を抜き取ります。

❻甘露煮の要領で弱火で煮詰めます。

賀茂茄子と鱧の小倉煮

賀茂茄子が旬の夏から初秋におすすめの料理です。賀茂茄子は肉質が詰まっているのが特徴で、素揚げしてから炊くとコクも加わり、つけ焼きした鱧によく合います。小豆の旨みが食をすすめます。

（苗村）

小蕪の風呂吹き 鱧味噌敷き

フォアグラの濃厚ながら繊細な味わいは和の食材にもよく合います。ここでは蕪に詰めて蒸し、滑らかな食感に仕上げました。添えの鱧味噌は料理をきりっとまとめるよう赤味噌や卵黄を使っています。

（高見）

【強肴】

鱧の昆布〆

薄造りの鱧を昆布〆にして旨みをのせ、透明感を出します、間に挟んだ菊花と雲丹がうっすらと映り、目にもご馳走です。昆布〆の時間が長いと逆効果になるので注意します。土佐酢で上品な食べ味にまとめました。（高見）

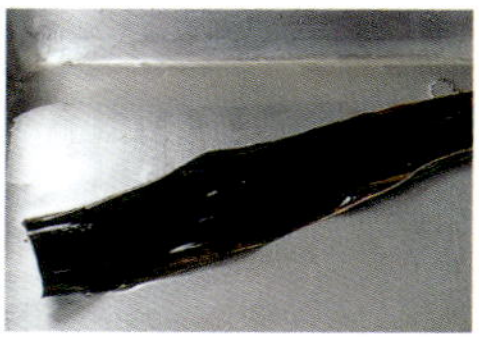

❶昆布は汚れを拭いて、酒に浸します。

❷昆布に薄造りの鱧を並べます。

❸②の昆布を手前側から巻き込みます。

❹ラップで包んで、冷蔵庫で締めます。

鱧の落とし 土佐酢ゼリーかけ

落とし鱧、鮑、車海老と贅沢に魚介を合わせ、酢のもの替わりの料理に。土佐酢をとろとろのゼリー状にまとめ、魚介とのからみをよくしています。温泉卵の黄身のこっくりした味をアクセントにしました。

（高見）

〈強肴〉の料理

強肴は、コースの流れに一呼吸おいて、ゆっくりとお酒を楽しんで頂こうというもの。酢のものや和えもの、珍味風のものなど幅広いものが当てられますが、お酒をすすめ、後口に響かないものを調えます。また、遊び（演出）の要素を加えてめりはりをつけてもよく、酒好きの方のみならず喜ばれますし、あとの献立への期待が高まります。

この項で紹介の昆布〆は透明な鱧の身に色味を忍ばせて楽しく、また落としの土佐酢ゼリーかけは、ゼリーをとろとろに仕立てて、おやっと思える面白い加減に調えています。鱧にマスカットや無花果など、果物の取り合わせは、まず意外性で、次いで相性のよさで喜んで頂けます。鱧の酒盗和えや燻製など、珍味風の料理はことにお酒をすすめます。

鱧とマスカットの和えもの

マスカットの風味と彩りが爽やかな強肴です。果物も工夫すれば目先を変える上で格好の素材となります。鱧は落としにして細かく叩いてから合わせますので、少量で十分に旨味が感じられます。（高見）

鱧の酒盗和え

走りの鱧で作る珍味風の和えもの。酒盗には独特の風味がありますから、鱧は焼霜造りにして生臭みを抑え、バランスよく仕上げます。天に干しこのこをあしらい、お酒の好きな方には特に喜ばれる品です。（高見）

無花果《いちじく》の鱧味噌田楽

若い無花果を使い、形を活かして仕立てました。無花果は火を入れると、甘みが出て、ふわっとした口当たりになり、鱧味噌のまったりした旨みとよく合います。前盛りは口直しによい梅干しとしました。（苗村）

燻し鱧

桜のチップで燻した鱧の身は独特の風味と弾力ある歯ごたえが魅力の酒肴となります。時季を問わず提供でき、冷蔵で長期保存できますから多量に仕込めて重宝です。ここでは肝も一緒に燻して添えました。（高見）

【あつもの】

鱧の信州蒸し

甘鯛で作ることの多い料理ですが、鱧にも好適と思います。新茶の時季には茶そば、夏には素麺、秋には新そばを使うなど目先を変えると喜ばれます。蒸しあがりを考えて茶そばを下茹でする事が意外と大切です。（高見）

鱧の蓮根蒸し

おろした蓮根で鱧を包んで蒸してもいいのですが、鱧で蓮根を包むと印象が深まりますし、旨味を移して蒸すことにもつながります。淡泊な味わいですから木の芽や蓼など香りの効いたあんで仕上げます。（苗村）

焼き鱧の白蒸し

つけ焼きにした鱧を蒸しあげ、ふわっとした食感を楽しんで頂きます。白蒸しはあしらいですから控えめとし、銀あんをかけて滑らかに食べやすく調えます。天にねぎをあしらって風味よくまとめます。（苗村）

鱧の栗蒸し

栗の自然の甘みと香りを活かした秋の風情が満喫できるひと品です。白焼きの鱧に、おろした栗と道明寺粉を練り混ぜたものをのせて蒸し、滑らかな口当たりに。栗の風味を考えて銀あんはごく薄味に調えています。（高見）

鱧のきのこ飯蒸し

風味や歯応えの違うきのこを取り揃え、白蒸しと骨切りした鱧の間に挟んで蒸しあげ、香りのよい菊菜あんで上品にまとめました。京人参をあしらって晩秋の趣ですが、きのこがおいしい秋全般に喜ばれる料理です。（高見）

〈あつもの〉の料理

あつもの（蒸しもの）の料理は、蓮根蒸し、信州蒸し、かぶら蒸し、さらには飯蒸しなど、いずれも京らしいもので、本来グジ（甘鯛）を当てるものも多いのですが、鱧を使ってもおいしく調和します。材料の持ち味を活かして、優しく蒸しあげたら、口当たりのよいあんをかけ、香りや歯触りのものを上手に添えて、季節の恵みを堪能します。洋風に仕立てた品も紹介しますが、熱々をお出しするものですから、鱧の臭みを感じさせないよう下ごしらえを丁寧にすることがまず大切です。

鱧の蕪《かぶら》蒸し

身体の芯まで温まるかぶら蒸しは、寒さが増し始める頃、誰もが待ちわびる美味です。出始めのかぶらと消え行く鱧もまた相性の良さをみせます。かぶらの味わい、彩りを考えて、鱧はつけ焼きとしています。

（高見）

満月鱧

黄身しんじょと鱧で満月を、巨峰のソースでたなびく雲を表わしてみました。ちょっと突飛な組み合わせのようですが、味も色彩も相性がよく、個性も打ち出せました。仲秋の名月に喜ばれるひと品です。（高見）

鱧のセルクル蒸し バルサミコソース

鱧の身としんじょ地、肝をセルクルに詰めて蒸し、バルサミコ酢を軽く煮詰めたソースを添えます。バルサミコ酢のほどよい酸味と甘味が鱧を引き立て旨味が広がります。和食器に盛って印象を深めました。（高見）

【油もの】

鱧の新茶香り揚げ

お茶の名産地、宇治から新茶が届く頃から作られる初夏の料理です。抹茶、片栗粉の順にはたいて揚げますが、色合いも香りもよく軽やかな印象の揚げ物となります。塩とレモンですすめ、お茶の風味を活かします。(高見)

鱧のあられ揚げ

皮目を内に巻いた鱧にあられ粉をまぶして、衣はさくっと、中はふんわりと揚げます。食感の違いが楽しめ、冷めても味がよく、その上、鱧の時季を通しておいしく食べられます。京料理ならではの一品です。（高見）

鱧の松笠揚げ

鱧の身側に白身のすり身をぬり、そこへ翡翠色の銀杏を松ぼっくりのようにさし込んで、面白みのある料理に仕上げました。低温の油でじっくりと揚げれば銀杏がはがれることもなくきれいに揚がります。（高見）

鱧煎餅、肝煎餅

鱧の身と肝を薄めにのし、カラリと芳ばしく揚げた、油ものにも先付にもよい料理です。身は、水分を上手にとばして揚げることで日持ちがよくなりますが、肝は水分が残りますから食べる量だけを作ります。

（苗村）

〈油もの〉の料理

油もの（揚げもの）の調理法は、素材を短時間に高温で処理できるということと、アクや苦みを甘みに変えるという二つの特徴があります。素材をみながら、この二つの特徴を上手くあやつること――これが油ものの料理のコツと思います。

鱧は身が淡泊ですし、とくに秋からは骨が固くなりますから、油に通すという調理にはよく合い、コクが出て、しかも旨みを流出させずに火を通すことができます。外側はかりっと、さくっと、中がふっくらと揚がれば頃合です。

鱧の油ものでは、挽き茶の香り揚げやあられ揚げなどが、歯触りや香りの面で京都を感じて頂ける品です。あまりボリュームを持たせず、おいしさの余韻を楽しんで頂けるよう量に注意します。

鱧の粽寿司

端午の節句を祝う五月にお出ししますが、鱧のシーズン近しと告げる料理でもあります。花山椒を取り合わせて笹で巻き、薫風の候ならではの清々しさに。ご飯替わりの他、八寸やおしのぎに使っても喜ばれます。（高見）

ちりめん鱧寿司

ちりめん鱧は水晶鱧の別名で、ちりちりとした身を表したもの。形よく手毬にまとめ、相性のよい大徳寺納豆とともにすすめますが、塩気があるので量には注意します。添えは愛らしい食用のほおずきです。（苗村）

温寿司

京には〝ぬくとうする〟という言葉があり、熱くもなし、冷たくもなしのほっとする温度のことです。この寿司もそんな加減に仕上げ、しっとりした味わいを楽しみます。時季を問わずおすすめ出来ます。（高見）

鱧の握り寿司

白焼き、湯引き、つけ焼き、生と四種の寿司だねで、鱧の味わいの豊かさを楽しんで頂きます。それぞれに、振り柚子、甘酢漬けの菊花、梅肉などと相性を考えて添えると、味の上でも見た目にも魅力が高まります。（高見）

〈ご飯もの〉の料理

締めくくりにあたるご飯ものに鱧を上手に使うと、季節を演出でき、印象を深めることが出来ます。献立の流れにもよりますが、雑炊や茶漬けにしてさらりとすすめるもよく、同じく茶漬けでも食べ応えがあるインパクトのあるものも面白く、またあつものよりはボリュームを持たせる飯蒸しも、色んな素材と取り合わせることができ、深い満足を与えると思います。とはいえ、鱧のご飯ものといえば、やはり鱧寿司、そして鱧の押し寿司が挙がります。とくに鱧寿司は鱧の醍醐味を堪能できるもので、祇園祭りのつき物です。

ほかに粽寿司や温寿司なども京の鱧料理ならではの味わいです。ここでは手毬寿司、握り寿司も紹介していますが、寿司のご馳走感を活かして調理すると幅広い方に喜ばれます。

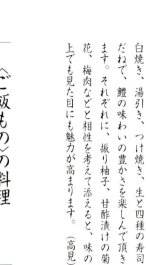

鱧と新蓮根、枝豆の白蒸し

塩味だけでさっぱりと後口よく仕上げた飯蒸しは、取り合わせる素材の持ち味を引き立てますから、工夫のしがいがあります。ここでは、つけ焼きの鱧、新蓮根、枝豆で夏向きとし、青竹の器で爽やかに仕上げました。（苗村）

鱧の赤飯蒸し

赤飯の紅、鱧の白で紅白に取り合わせ、お祝いごとの席で喜ばれるご飯ものに。軽く塩を振った鱧の身を赤飯にのせて蒸しますので、鱧の旨味がほどよく赤飯に移り、滋味を感じる食べ味となります。（高見）

鱧の丹波蒸し

栗のほのかな甘さを楽しんで頂く飯蒸しで、銀あんで口当たりをしっとりとさせました。栗はぶつ切りや輪切りにしても結構ですが、蒸し時間を加減することが重要です。天に山葵を添えてすすめます。（苗村）

焼き鱧の炊き込みご飯

この料理も昔ながらのもので、油揚げや人参、きのこなどを下煮して、つけ焼きの鱧と一緒に炊き込みます。鱧は細かく刻みましたが、手で適当にちぎって使うのもいいものです。おにぎりも喜ばれます。（苗村）

焼き鱧とカラスミの茶漬け

贅沢にカラスミを使いますが、あくまでも鱧が主役の茶漬けです。カラスミはあぶってしまうと、歯応えがこつこつとしてバランスを欠きますから生で添えています。お茶はこの料理には煎茶が合います。（苗村）

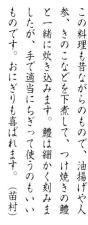

鱧茶漬け

茶漬けには甘辛く炊いた鱧がよく使われますが、芳ばしいつけ焼きの鱧もおすすめです。お茶がしみるにつれ、ふんわりとした食感が出てきて箸がすすみます。優しい味わいなのでお酒の後にもよく合います。

（高見）

〈鍋もの〉の料理

秋が深まると鍋に仕立てておいしい食材がふんだんに出回ります。鱧と松茸の鍋が食卓にのぼると、そろそろ鱧の時季も終《しま》いに近く、湯気の立つ鍋を前に、深まる秋の風情を感じる方も多いようです。秋の鍋ものといえば、近年しゃぶしゃぶも人気ですが、この時季の鱧にうってつけの調理と思います。鍋ものは秋冬だけでなく、通年楽しめるもので、夏場には柳川風に仕立てますと、暑気払いに格好です。ここで紹介のすき焼き風の鍋や豆乳仕立ての鍋はどの時季にも喜ばれる新しい味わいです。いずれも小鍋立てにすると、献立に組み入れやすく、自分のペースで食べられるのでお客様にも喜ばれます。

鱧しゃぶ

魚介をしゃぶしゃぶに仕立てる例は、近年多く見うけますが、明快さや楽しさが喜ばれてのことでしょう。秋、身に厚さが増し、脂ののった鱧はしゃぶしゃぶに好適で、ほどよく脂が落ち、旨みが残ります。

（高見）

鱧すき

鱧の鍋ものは薄味にするのが普通ですが、すき焼き風に調えてみました。卵をからめて食べて丁度の味になるよう、たまり醤油を使い少し甘めに調味します。献立にメリハリをつけたい時にも便利な品です。(高見)

豆乳鍋

色んな趣向を盛り込んだ鍋仕立てです。鍋地は塩で調味した豆乳。具は鱧の天ぷらですが、芯には梅肉を混ぜたご飯を巻いて、少しさっぱりさせます。鍋地が煮えてくると出来たての生湯葉も楽しめます。(高見)

味わい深い一品料理の数々

一品料理の魅力を備える鱧料理も多くあります。酒をすすめる肴や、ボリュームをもたせた品、庶民の味ともいえるご飯ものや麺類など。こうした料理は、あまり趣向をこらさず、親しみやすい雰囲気に仕上げると喜ばれ、鱧料理の多様性を楽しんで頂けます。献立の項で紹介の品もボリュームの加減や盛り方で一品料理によいものとなりますし、ここで紹介の料理も逆にボリュームを抑えることで献立に組み入れることもできます。

「鱧丼」や「鱧の天茶」などのご飯もの、「茶そば」、「にゅうめん」などの麺料理は、鱧に存在感をもたせ、食べ応えを出すと満足して頂けるかと思います。また、「射込み賀茂茄子」や「浮かし鱧」、「小田巻き蒸し」などは、あまりちまちまとさせず、ボリュームをもたせることで、一品料理ならではの魅力を打ち出します。左党好みの酒肴も一品料理ならではのもの。あまり手をかけないものが、かえって気が利いていると喜ばれ、お酒をすすめるようです。「鱧の油焼き」や「鱧皮と青唐辛子の鍬焼き」（一三〇頁）など、残り身や端身も活用できますから重宝な品といえます。これら一品料理では、白焼きやつけ焼きにした鱧や、落としの鱧など、仕込みの利くものを上手に使うと、効率よく料理をお出しできます。

射込み賀茂茄子

賀茂茄子に白焼きの鱧、汲み上げ湯葉を射込んで揚げ煮にしました。茄子と湯葉のとろんとした口当たりが楽しく、食の細る時期にうってつけです。コースの場合、普通の茄子を使って挟み揚げにすると頃合です。（苗村）

鱧の油焼き

鍬《くわ》焼きをアレンジした料理で、油で炒めてやや薄味に調味しました。材料は大きさを揃えて切り、先に火を入れておきます。最後に手早く煎りつけて調味し、歯応えよく仕上げます。酒のすすむ一品です。（苗村）

鱧と無花果《いちじく》の胡麻酢和え

夏から秋にかけてはこのように少しコクのある味が喜ばれます。この時季出始める無花果を使いますが、料理には若くて固いものが合います。食感よく湯引いた鱧とともにまろやかな胡麻酢ですすめます。（高見）

浮かし鱧

山芋でくるんでふわっとさせた鱧をガラス器に浮かべて涼やかに仕上げました。土佐酢は鱧を浮かせるもので、多めのだしで割ります。鱧には味を含ませてありますから、蓴菜と一緒にすくい取って食べて頂きます。（苗村）

鱧丼

単品のご飯料理としておすすめの丼です。落としの鱧に、絹さやと葱の青みを添えて甘辛めに炊いたら卵を割り入れ、半熟の加減でご飯にのせます。香の物と汁を添えて、時期を問わずお出しできるひと品です。

（苗村）

鱧の天茶

さくっと揚がった鱧の天ぷらを茶漬けにすると、しっとりとまた別趣のおいしさを楽しんで頂けます。だしを張って旨みのバランスを取り、ぶぶあられで歯触りよく、紅葉おろしでさっぱりとすすめます。（苗村）

鱧粥

鱧の旨みと松茸の香りが、香ばしく煎った米によく合う、ちょっと贅沢な粥料理。米は焙烙で煎って使うので食感よく粒が残ります。鱧も松茸も生で加え、双方の風味を米に吸わせるよう炊きあげます。（苗村）

鱧の小田巻き蒸し

小田巻き蒸しといえばうどんが一般的ですが、ここでは、鱧、川海老と盛夏の素材を取り揃えましたので、素麺を使い、頃合のボリュームにまとめました。小振りにすればあつものとして提供できます。

（苗村）

焼き鱧そば

風味のよい茶そばに、大ぶりに切ったつけ焼きの鱧を合わせた食べ応えのある一品です。熱々のつゆを張ったら、さらし葱、芳ばしい焼き海苔、辛みの利いた大根に一味を添えてと、薬味にも気を配ります。（苗村）

鱧にゅうめん

鱧は大きめに切って存在感を出しましたが、一口の大きさに切って散らすと、コース料理にも合う品となります。素麺と鱧を煮込んでも結構ですが、ここではかけ汁を張って仕上げ、あっさりとさせました。（苗村）

鱧で魅力を高めるお弁当・会席料理

弁当や会席の料理では、見た目にも味にも季節を感じさせる料理を上手に配することがポイントとなります。

弁当の料理ではとくに蓋をあけた瞬間がまず大切ですから、季節感に加え、美しさ、新鮮さ、あるいは親しみを感じて頂けるものなど、用途、用向きに応じて変化をつけて盛り込みます。また、鱧の時季のはじまりには、意識的に鱧を多用したり、名残りの時季にはさりげなく使って印象を深めたりと、めりはりのつけ方で季節感を深めることも出来ます。鱧が主役の場合も、同じ季節のものとの取り合わせの妙を工夫して、盛りつけや器使いなどで、全体を併せて楽しんで頂くように仕立てます。

会席の場合も同様で、コースの流れにうまく鱧の料理を組み込んで、鱧の個性を楽しんで頂きます。

鱧は幅広い調理に合う魚ですから、〝鱧づくし〟の献立を仕立てることもできますが、通常は多くて三品とするのが慣わしとなっています。このように三品止まりという制約は逆に有り難く、献立中に鱧の魅力を打ち立てるには、頃合いとも思えます。

弁当も会席料理も、季節を重んじて先取りしすぎるあまり、その素材の真の旬をあやまったり、過剰に使いすぎてしまうことがないようと心がけています。

祭り弁当

祇園祭に始まる京の夏、料理屋には祭りを祝う料理の注文が増え、丹誠こめて料理を仕立てます。お渡しする箱は白生地。仕切りのそれぞれに取り肴、強肴、炊き合わせ、ご飯ものと色彩も豊かに揃え、味が混ざらないよう盛ります。汁気のある小菜は小さい器を使うとアクセントとなります。鱧巻き卵、つけ焼き、ちり酢和え、子の卵とじなど、意識的に鱧を多用して変化をつけ、さらに鱧寿司も入るご馳走感の高い夏の祭り弁当です。（高見）

鱧点心

趣に変化をもたせた取り肴とご飯を縁高に盛り込んだ秋の点心です。この時季、松茸やほうれん草のお浸し、あるいは鱧の揚げ煮と小芋、湯葉の炊き合わせなど、汁気のあるしっとりした料理を添えることも多く、ここでは白磁ですが、器を使うことで、地味な色調の料理の場合も映えがよくなります。鱧の料理は他に、鳴門巻きと小袖寿司で、弁当に喜ばれる品です。蓋を開けたとき新鮮な印象が出るようバランスよく彩りよく盛ります。（高見）

秋の虫養い

棗形の弁当箱に、鱧ご飯とちょっとしたおかずを盛って、夕刻や夜半近くなど、小腹のすいたお客様に召し上がって頂こうというものです。ほどほどの量ですから酒席の前などにも格好です。お弁当は幅広い用途、用向きに合わせ、色々に仕立てることができ、この例などは別個の器に盛るのでなく、あえて弁当箱を使った点で面白みが生まれてきました。ご飯は、つけ焼きの鱧とさっと炊いた松茸を混ぜた、これだけで満足のゆく品です。（高見）

会席料理

―神無月の献立より

時季に合わせ魅力高く

献立では旬を感じさせることが尊ばれますが、名残を惜しむという点でこの時季、鱧を主役に据えたコースを用意して〝料理の旬〟を楽しんで頂きます。とはいえ、献立中、同じ材料は三回までが倣い。前菜の鳴門巻き、土瓶蒸し、油ものと、要所要所で鱧の持ち味が生きる料理を調え、流れに変化をつけました。夏の頃、盛んに賞味されたぼたん鱧や落としは、いかに名品であっても夏のもの。秋ともなると生しい感じでしっくりしません。秋鱧には、炊いたり、揚げたり、鍋に仕立てたりと相応しい料理があります。材料の持ち味を活かしきる事で献立の魅力を高めます。

一の膳(前菜、椀盛り)

前菜は、鱧、子持ち鮎、からすみ、鯖など季節の魚介を調理、調味の重ならないように調え、椎茸、栗、銀杏と山の幸も取り揃え、彩りよく仕上げました。お椀替わりの土瓶蒸しは、少しまったりの味加減としています。

二の膳（向付）

向付は、そぎ造りの鯛と引き造りの鮪、雲丹の三種盛り。つけ醤油は濃口醤油にたまりとみりんでやや甘みに加減し、造り身へののりをよくしています。

三の膳（焼きもの、炊き合わせ）

焼きものは味噌幽庵地につけたかますを両褄折りにして焼き、前盛りは青菜と菊花のお浸しです。炊き合わせは鱈の子と海老しんじょに海老芋や南瓜などの野菜、湯葉を添えて少しボリュームを持たせました。

四の膳
（強肴、あつもの、油もの）

強肴の酢のものは、少し贅沢に蟹身、蒸し鮑を取り合わせました。土佐酢でさっぱりと召し上がって頂きます。あつものは鰻の蒲焼きに百合根や栗麸を揃えた茶碗蒸し。油ものはこの時季の鱧に合うあられ揚げ。衣はさっくりと、鱧の身はふっくらとおいしく揚がります。

五の膳
（ご飯もの、水菓子）

ご飯、赤出し、香の物で締めくくって頂きます。赤出しはなめこと三つ葉を実としました。香の物は食べよく刻んだ沢庵、奈良漬け、甘辛く炊いた椎茸。最後の水菓子も季節のものを食べよく調えてすすめ、後口を爽やかにして頂きます。

（一〇〇～一〇二頁・高見）

鱧料理・基本の調理技術

鱧のおろし方

鱧は無数の小骨が身に食い込んでいるため、骨切りという独自の技術が必要です。骨切りが十分にされていないと骨が口にさわり、料理の仕上がりに大きく影響してきます。皮一枚を残して骨を切っていく技術は熟練を要し、一寸（約三・〇三センチ）の間に二二～二四の切り目を入れることができて一人前とされています。シャッシャッという骨を切る音は実に爽快なものです。特に小骨の多い部分は、骨切りの前にそぎ取っておきます。鱧の特徴のもう一つに皮目にぬめりが多いことが挙げられます。皮のぬめりには雑菌が多くついているので丁寧に取り除きます。この二点を除けば、比較的鱧の身は固いので扱いやすい魚だといえます。

◆鱧の選び方

鱧は死後硬直しているものを避け、活〆にしたものを求めるようにします。死後硬直したものでは、骨切りのときも身が開かず、身と身がくっついてしまいますし、落としにしたときにもきれいに花が咲きません。鮮度のよいものなら弾力があるので、写真の通り、頭を持つと弓状に身がしなります。大きすぎるものは全体に固いので、四五〇～七〇〇グラム程度の大きさのもので、胴に丸みがあり、光沢のあるものを選びます。また、皮目のぬめりが多いものほど上物です。

内臓とヒレを取る

❶尾側を左手で押さえ、出刃庖丁を立てて持ち、頭の方から尾の方に向かって動かし、皮目のぬめりをしごきます。

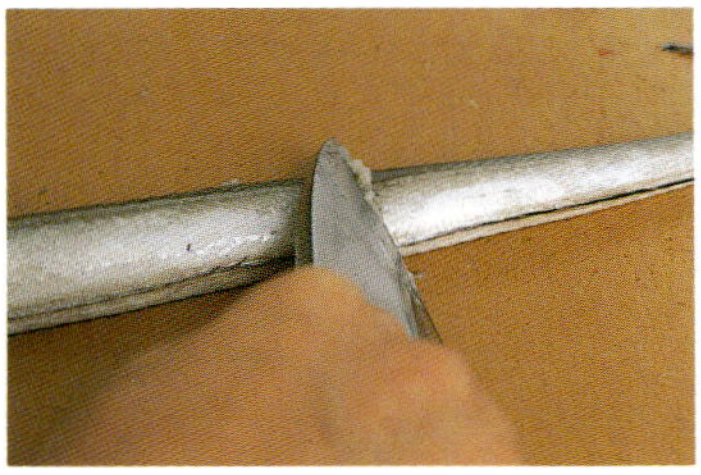

❷裏返して両側のぬめりを何度もしごいてから、流水でぬめりと汚れをよく洗い流し、水気を拭き取ります。

❸頭を右、腹を手前において、へそ（肛門）の部分に庖丁の切っ先を差し込みます。

❹左手を背に添え、逆庖丁で頭の方に向かって庖丁をすすめます。内臓をつぶさないよう庖丁は浅く入れます。

❺そのまま庖丁をすすめ、あごの下のあたりまで開きます。

❻続いて庖丁を返し、へそから尾の途中まで腹を開きます。

❼開いていくと中骨の形が特に三角になっている部分にあたりますので、そこで庖丁を止めます。

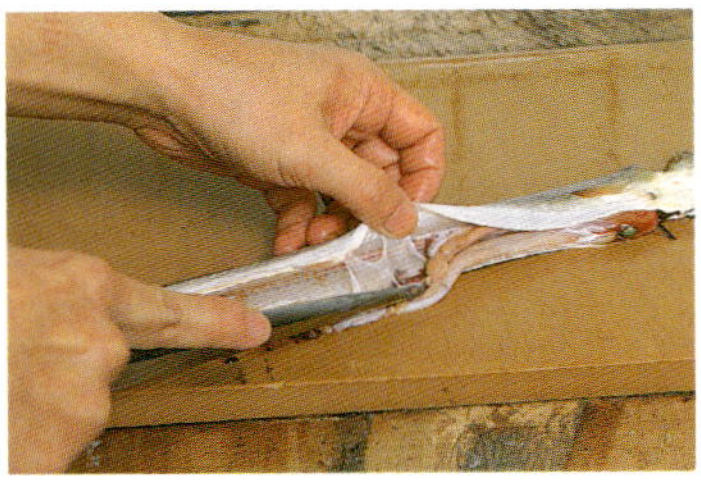

❽左手で腹を開き、庖丁の刃先で内臓をつぶさないように引き出します。

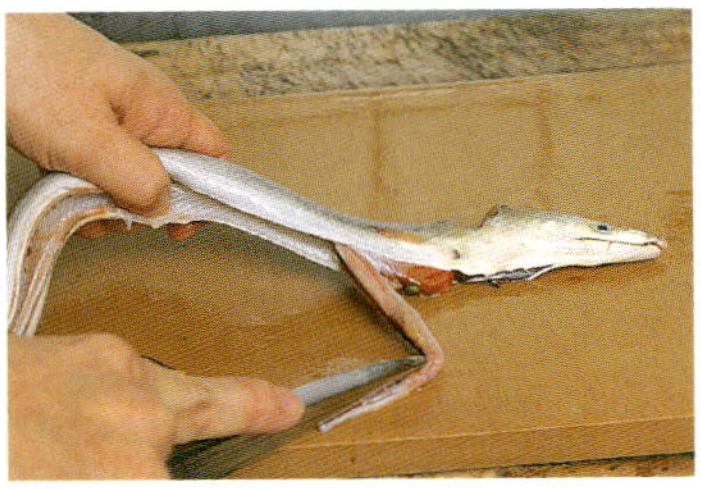

❾内臓を腹からはがします。庖丁で内臓を押さえて、左手で身を持ち上げていき、内臓を取り出します。

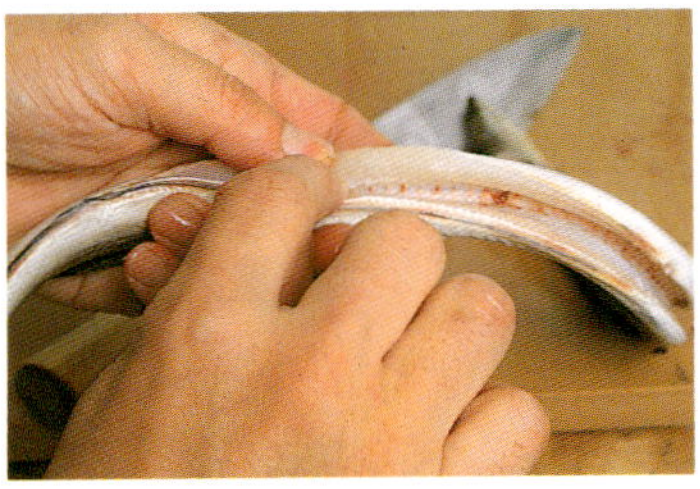

❿腹の中に指を差し入れ、へそより下にある血合いを開き、水洗いがしやすいようにしておきます。

⑪流水で洗いながら、竹のささらで腹の内側の血合いや汚れをかき出します。生臭みが残らないよう丁寧に洗います。

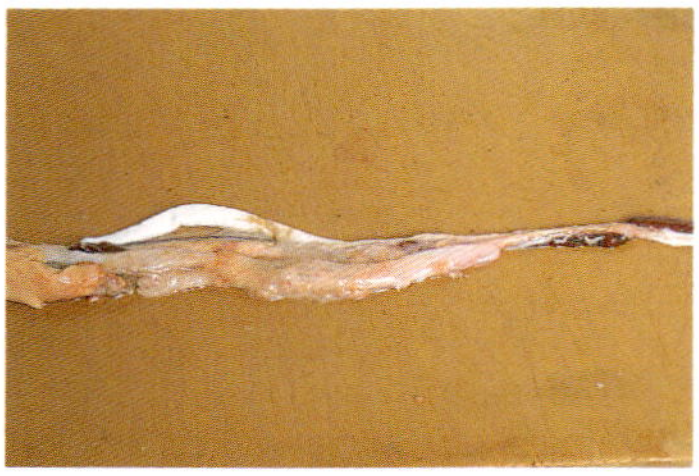

⑫写真は取り出した内臓です。苦玉と心臓以外は料理に活用出来ますで、部位ごとに離して取っておくとよいでしょう。

⑬頭を右、腹を手前におき、ここでもう一度頭から尾に向かって庖丁でしごき、ぬめりを取っておきます。

⑭尾側の背びれの端を、手幅を残したくらいのところで切り、続いて背ビレと身の間を庖丁の切っ先で切り離します。

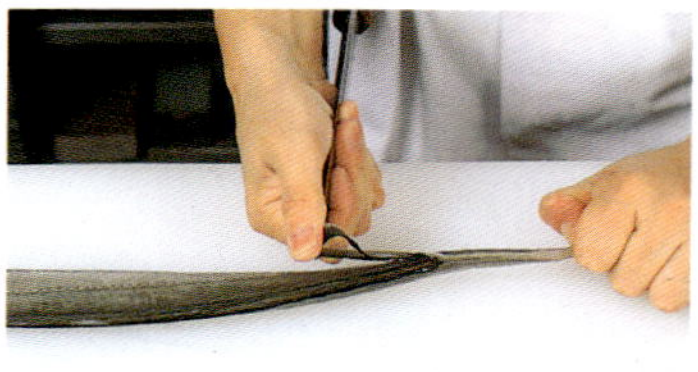

⑮これをきっかけにして背ビレを取ります。背ビレの端を庖丁のみねにかけて親指で押さえ、背ビレを引き上げます。

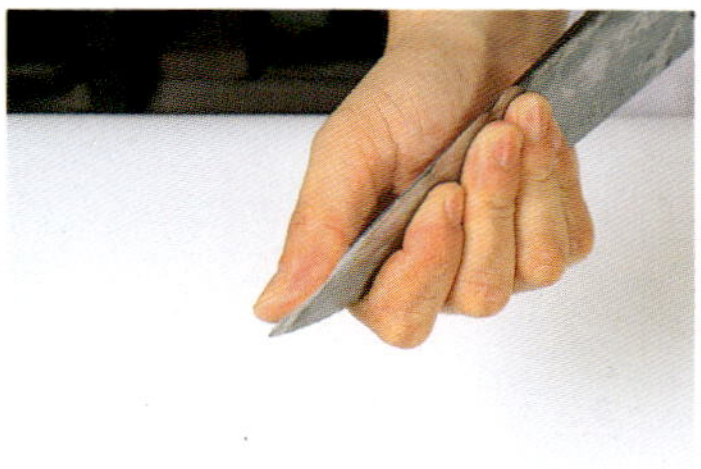

⑯このとき、庖丁は刃先を下にして、庖丁の先端部分を右手で握り込み、親指はみねのわきを押さえています。

⑰この状態で、尾を左手でしっかりと押さえながら、頭の方に向かって背ビレを強く引き上げていきます。

⑱背ビレは頭のつけ根まであるので、最後まできれいに取り除きます。

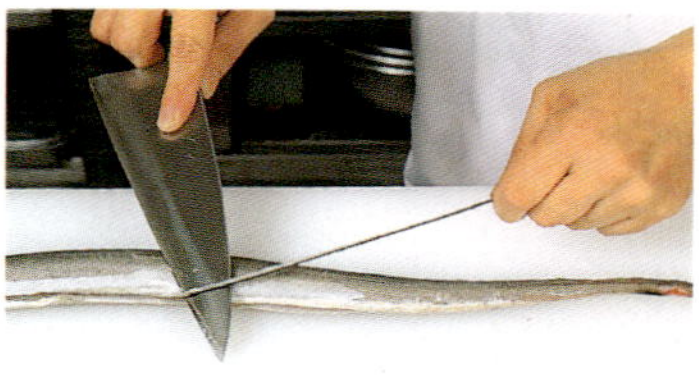

⑲尾側の腹ビレの端を切り離して左手で持ち、これを尾側に引き上げながら腹ビレと身の間を逆庖丁で切り離します。

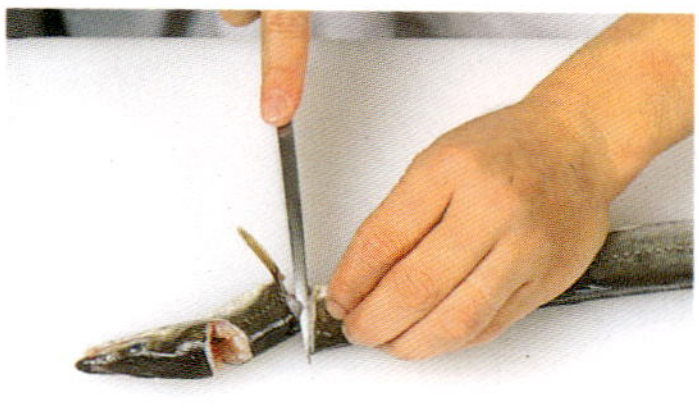

⑳腹ビレを取り除いたのち、頭を切り落とします。胸ビレのすぐ脇に庖丁を垂直に入れて胴と頭を切り離します。

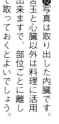

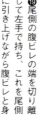

鱧を開く

❶頭を落とした鱧を頭側を右、腹側を手前にしておき、左手で身を持ち上げ、中骨の上に庖丁をいれます。

❷中骨の角度に沿わせながら庖丁をすすめていきます。背の皮の際まで深く庖丁を入れると、身がきれいに開きます。

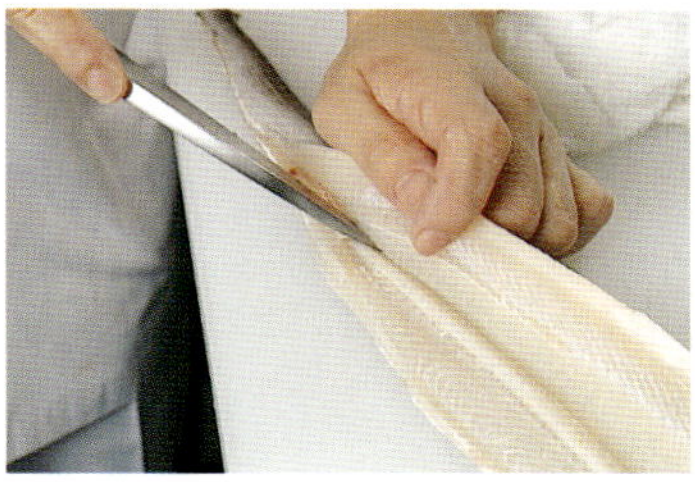

❸庖丁を尾に向かってすすめていくと中骨の形が三角に変わり、庖丁が骨にあたります。ここで庖丁の角度を変えます。

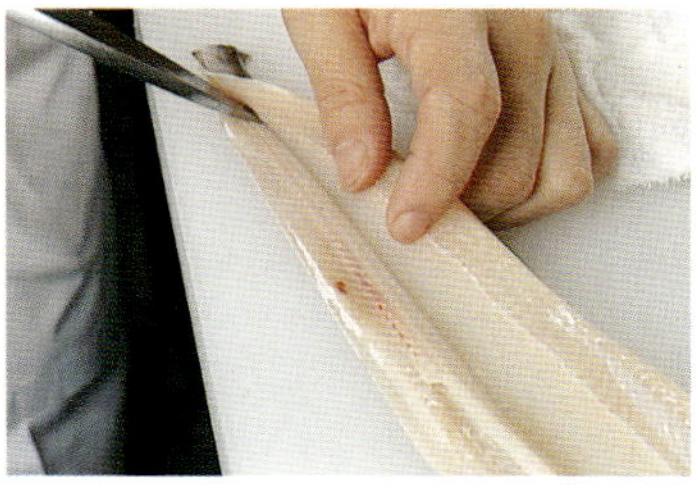

❹骨が身に食い込んでいるので、何度か庖丁を入れて三角の骨の際をきっちりと切り離し、尾の部分の身を開きます。

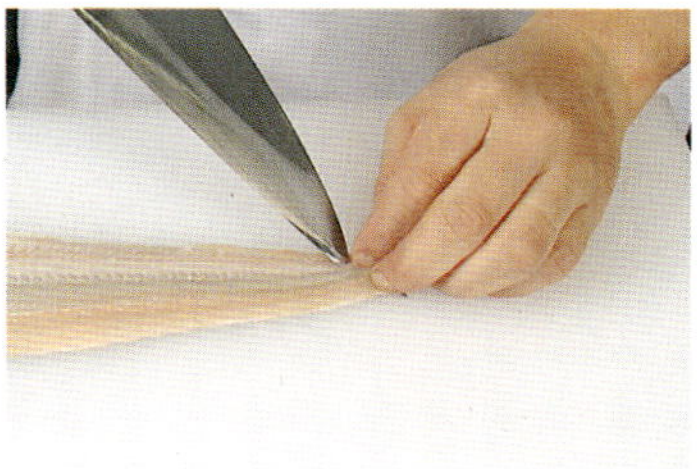

❺今度は中骨の反対側の際に庖丁を入れます。尾側の部分に庖丁の刃先を立てて入れ、骨に沿って庖丁をすすめます。

❻庖丁の角度をそのままの状態に保ちながら頭側まで切り込みを入れていきます。

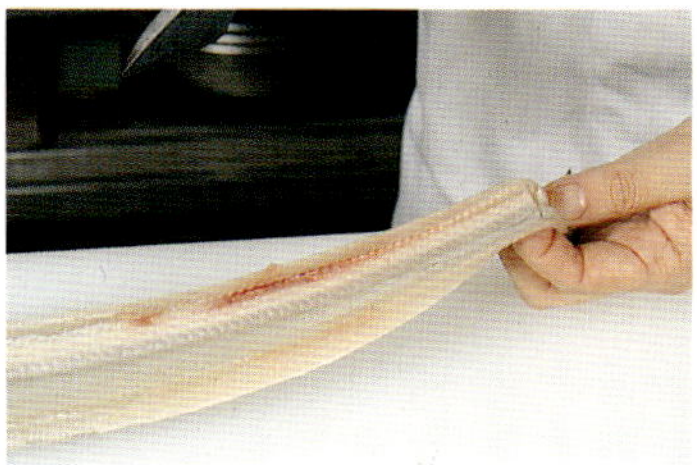

❼尾先を左手で持ち、尾先の切り離した三角形の骨の端から庖丁を入れます。

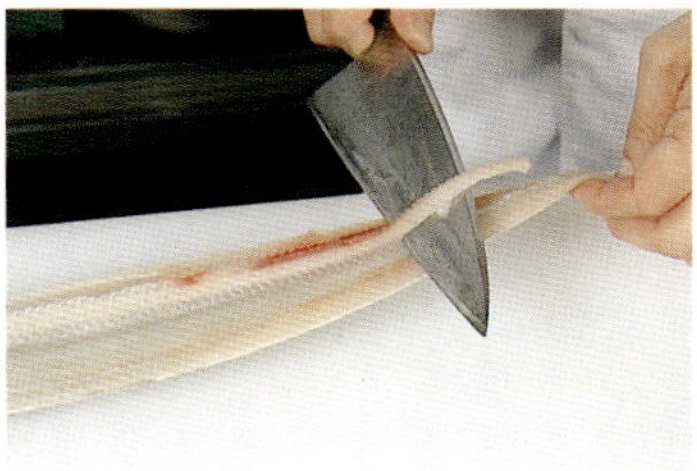

❽逆庖丁で中骨を身から浮かせるように庖丁をすすめていき、中骨をすくい取ります。

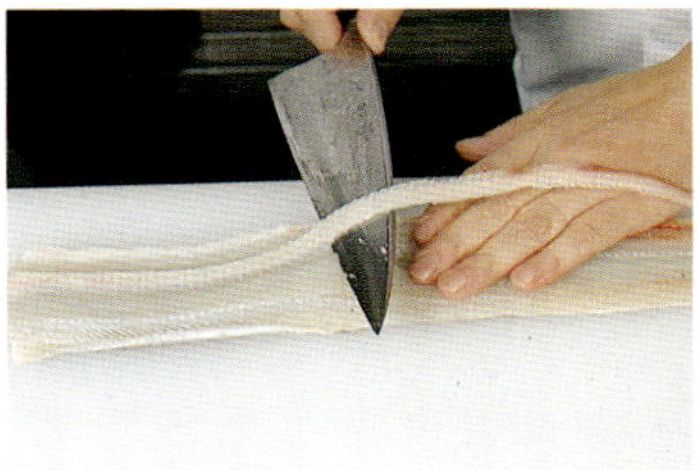

❾ある程度切り離したら、左手で持ち上げていた身をまな板において、左手で押さえ、さらに中骨をすくい取ります。

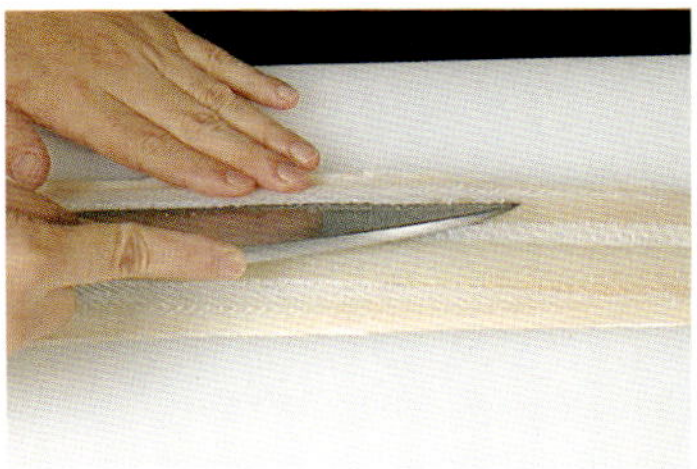

❿続いて腹骨をそぎ取ります。腹骨を手で探り、庖丁を寝かせて腹骨のある部分に入れ、薄くそぎます。

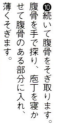

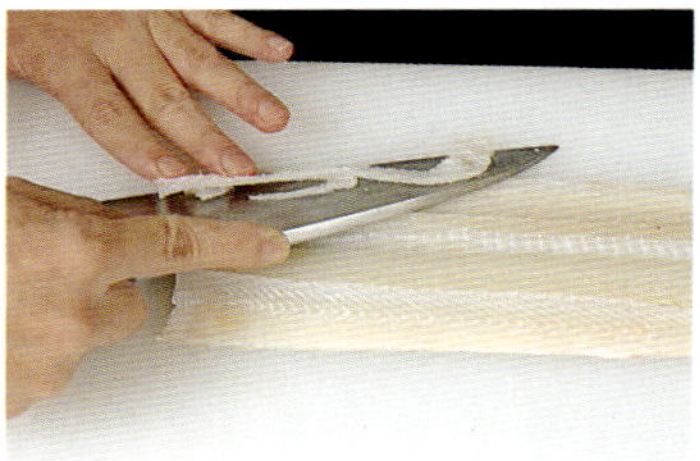

⓫手で探っていくと、ところどころに腹骨が残っているので、これを残さないよう丁寧に取り除きます。

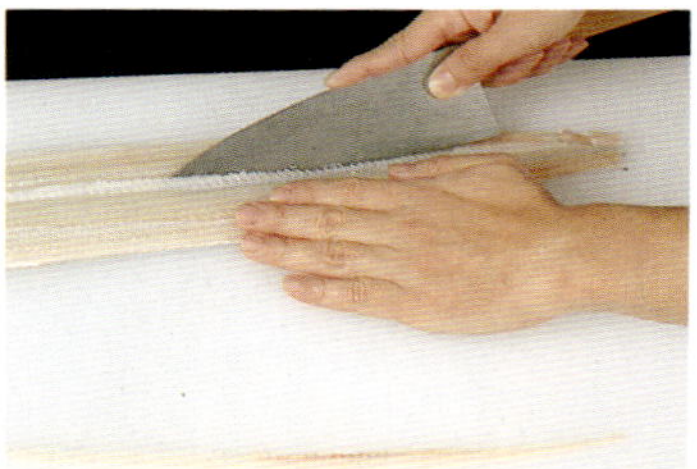

⓬中骨と背ビレにつながっている薄い骨を除きます。尾側の方に立ち、頭の方から骨に沿わせて庖丁を入れます。

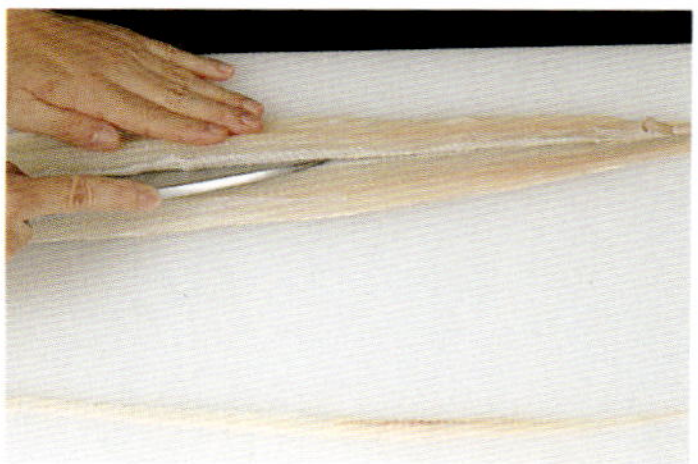

⓭次いで頭側に立ち、庖丁を寝かせて尾側から頭側に向かって、同様に骨に沿わせて庖丁をすすめます。

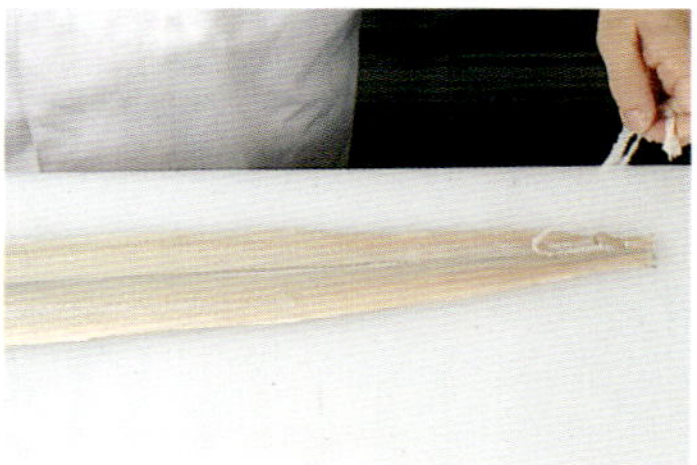

⓮身から切り離した薄い骨をきれいに取り除きます。

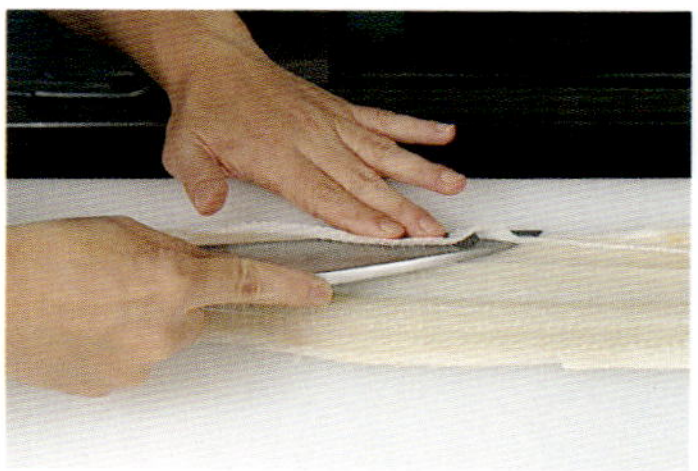

⓯身の頭側と尾側を置き換え、尾側に立ち、⑩⑪と同様に、手で探って、腹骨を丁寧に取り除きます。

⓰写真上より、鱧のおろし身、腹骨、中骨と背ビレにつながる薄い骨、中骨、もう半身分の腹骨。

◆骨切りする前に

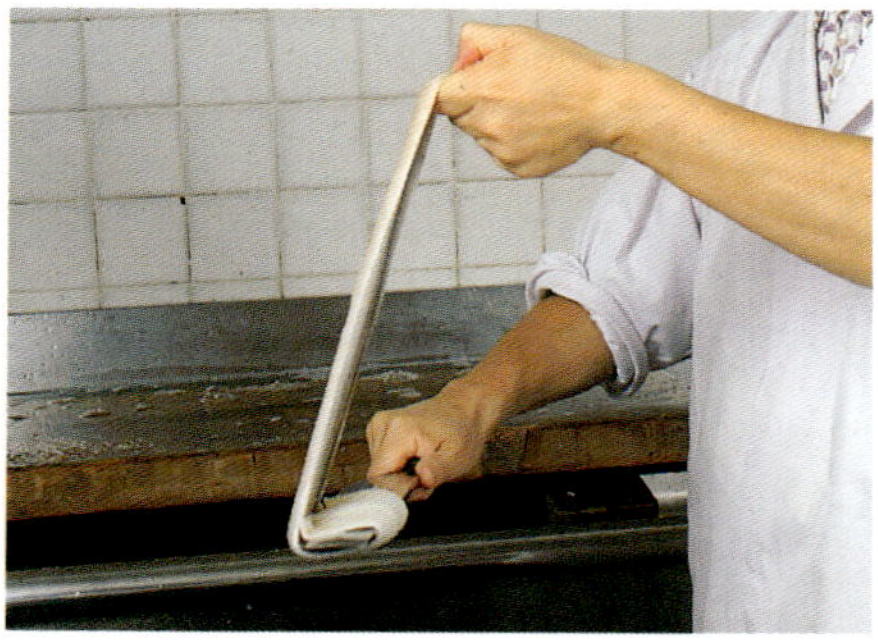

鱧のぬめりは新鮮なものほど多いものです。このぬめりには、好塩菌など雑菌が多くついているので、丁寧に取り除く必要があります。水洗いの段階から鱧を開くまでにも何度も取り除きますが、その仕上げとして骨切りをする前のおろし身の状態でぬめりをもう一度取ります。まず、おろした身の皮目が手前にくるよう左手で尾の部分を持ち、骨切り庖丁を使って尾から頭の方へ皮目を何度かしごき落とします。皮目に庖丁を沿わせるようにして上から下へしごきます。このとき、鱧が新鮮なものほど庖丁に身が絡みついてきます。これも、鱧の鮮度を確認する上での目安となります。

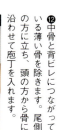

骨切り
（焼きもの用）

❶おろし身を頭側を右にしておき、小口から垂直に庖丁を入れていきます。庖丁は親指をみねにあてて握ります。

❷鱧切り庖丁は片刃なので、少し斜めに入れることで切り口がまっすぐになり、身も立ってきれいに仕上がります。

❸骨切りは一定の調子をとりながら、円を描くように庖丁を動かすのがポイントで、尾先まで同じ幅で切ります。

❹皮一枚で離れるか離れないかという加減に仕上げていきます。骨切りしてから、用途に合わせて切り分けます。

骨切り
（落とし用）

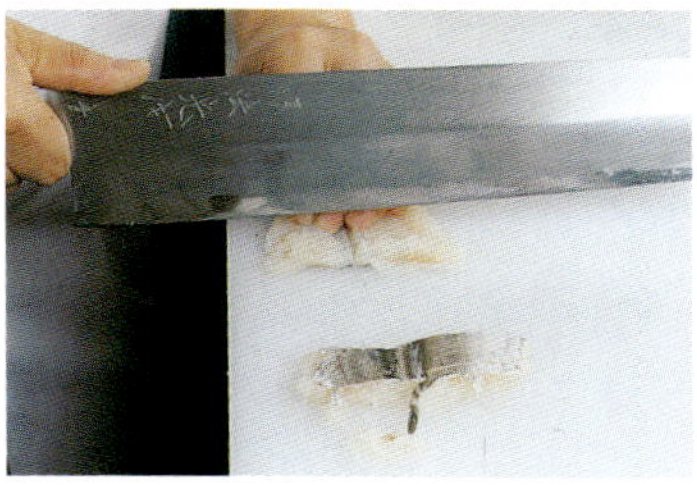

❶焼きものと同様、庖丁の重さを利用して小口から一定の調子をとり、皮を切り離さない程度の深さに骨を切ります。

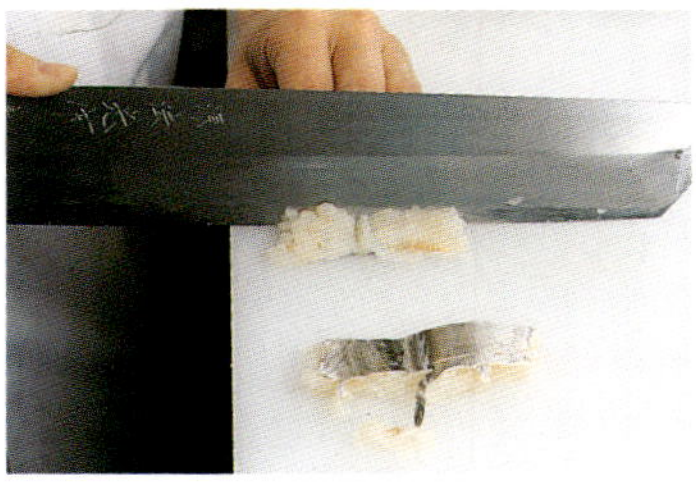

❷二～三センチ幅のところまで切りすすんだら、皮まで切り落とし、庖丁で転がすように裏返しにしていきます。

❸庖丁の刃に身がくっつかないよう、庖丁はあらかじめ水で濡らします。そうすると身がきれいに仕上がります。

❹庖丁は皮一枚を残す程度まで。皮側から見ると、切り離さない程度に皮目にも切り目が入っているのが分かります。

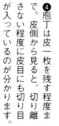

鱧の基本的な仕立て方

ここでは基本的なお造りの仕立て方を紹介します。基本となる落としの手法、薄造り、洗い、湯引きの手法は酢のものや和えものなど、生に近い鱧を使う料理にも応用できます。重要なことは、鱧の皮目には雑菌が多いため、火を通したり、水でよく洗うなど気を配らなければならないということです。特に夏場は注意が必要です。ここでは、薄造りと湯引きは皮を引いたものを、洗いは水洗いを十分にしてから二枚で落とし、さらによく洗ったものを紹介しています。

◆落とし

◆薄造り

◆洗い

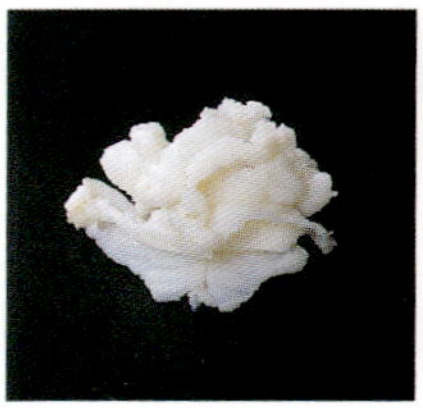

◆湯引き

落とし

❶沸き立った湯に塩をひとつかみ入れ、落とし用に切った身を入れます。

❷骨切りした身を上にして皮目から一つずつ熱湯に落としていきます。

❸骨切りした身が白っぽくなってきたら引き上げます。目安は五〇秒程度。

❹すぐに氷水に取って冷まします。余分な脂が浮いてくるのが分かります。

❺旨味が逃げ出さないうちに氷水から上げ、手で絞って水気をきります。

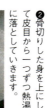

薄造り

❶薄造りにする場合は皮を引きます。まず、尾の先から庖丁を入れます。

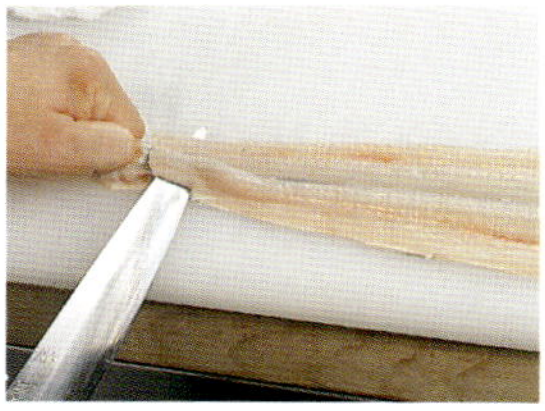

❷尾先の皮を持ち上げ、庖丁を立てて引き、皮から身を離していきます。

❸頭側に近くなるにつれ徐々に庖丁を寝かせていき、皮を強く引きます。

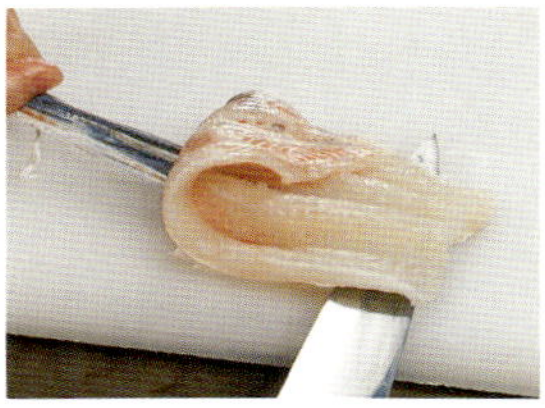

❹皮を引いたら、身を返して皮側を上にし、背の部分で縦に切り分けます。

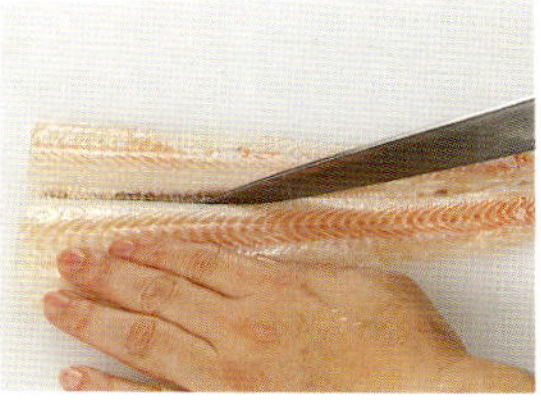

❺頭側を右におき、左手を身に添えながら尾側から薄くそぎ切りにします。

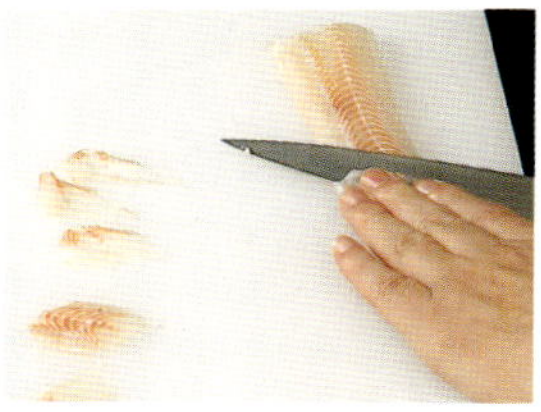

洗い

❶おろし身を骨切りと同じ間隔の幅に小口から二枚で落としていきます。

❷二枚落としにした身を氷水に落として洗い、余分な脂を取り除きます。

湯引き

❶皮を除いて薄造りにしたものを六五度くらいの湯に一、二分通します。

❷表面に火が通って白っぽくなったら氷水に取って冷まし水気をきります。

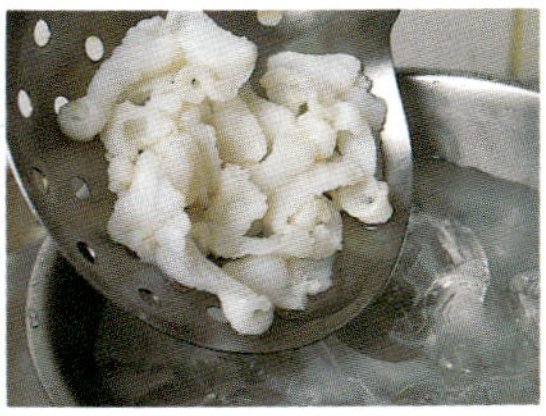

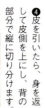

焼きものの仕立て方

鱧の焼きものはここで紹介する白焼きとつけ焼きの手法が基本となります。白焼きとつけ焼きにしたものは、そのまま料理としてお出しするほか、香ばしく焼いた鱧の食感を活かし、料理の下ごしらえとしても多用されます。焼きものにする場合、多少大ぶりの身の方が鱧のおいしさを存分に味わって頂けます。仕事をする上でも、骨切りした身の比較的皮に近い厚みに金串を打ちますが、身の厚いものの方が扱いやすいかと思います。ただし、その分骨が固くなるので、骨切りは丁寧にする必要があります。つけ焼き用の焼きだれは、店では濃口醤油と酒、水を合わせたものを多く使っていますが、用途によってはみりんやたまり醤油を加えた旨だれも用いています。

串の打ち方

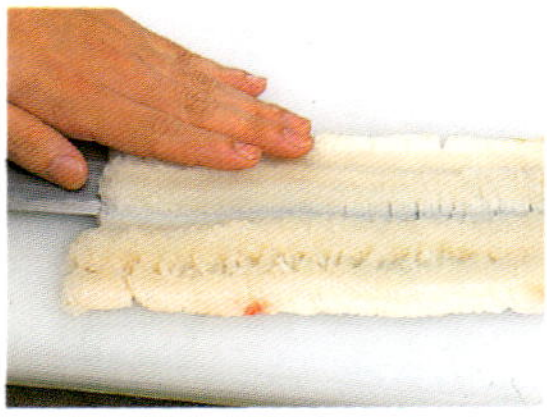

❶骨切りした鱧を頃合の幅に切り、半身の皮の下に庖丁を差し入れます。

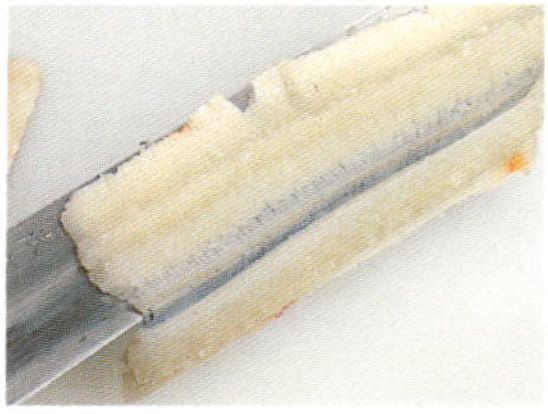

❷差し入れた庖丁で身を持ち上げ、頭側を向こうに尾側を手前におきます。

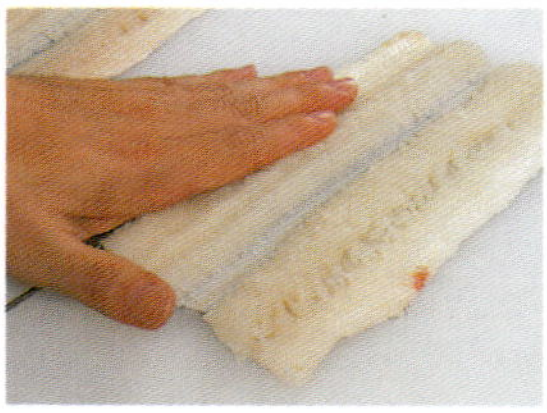

❸まず身の両端に串を打ちます。手前から頭側に向かって串を通します。

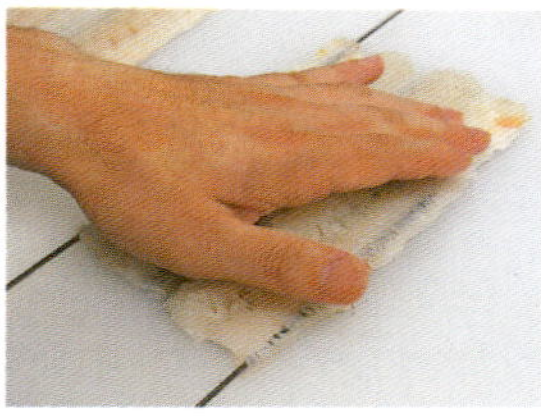

❹左手で身を押さえながら、骨切りした身一枚一枚の厚みに通します。

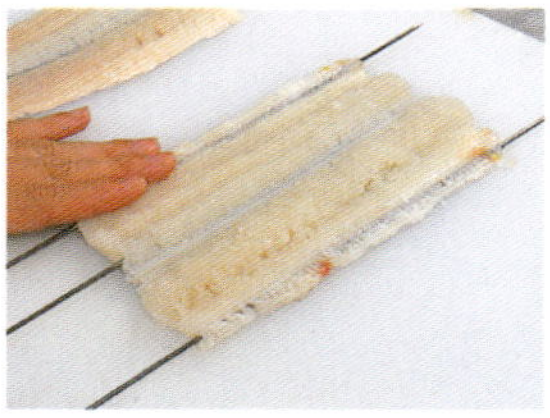

❺続いて身の中央に串を打っていきます。串の数は鱧の大きさによります。

❻骨切りした身を支えるため、細かく串を使って同じ幅で打っていきます。

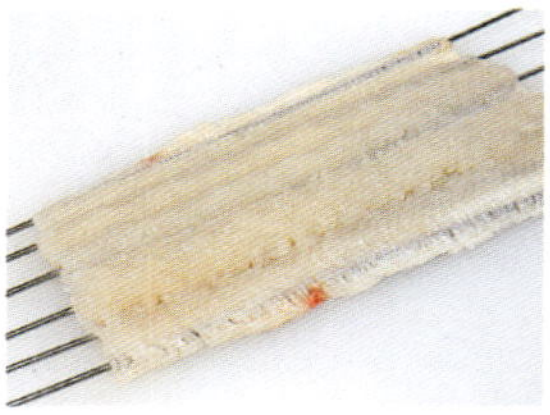

❼焼き上げたときに鱧の身が湾曲しないよう、串は平行に打ちます。

❽皮目には串を通しません。皮目に近い身の厚みに串を打っています。

白焼き

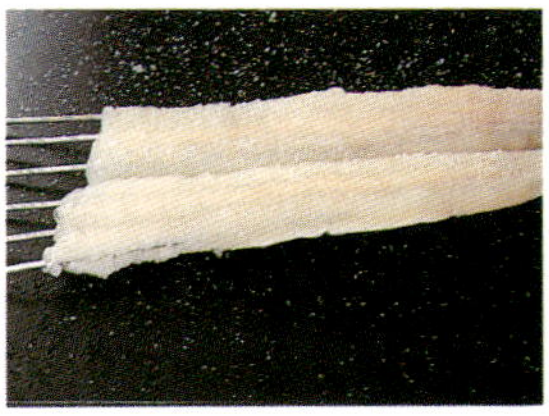

❶焼く前に鱧の身側と皮目の両面に薄く塩を振って、生臭みを取ります。

❷身を上にしてグリラーに入れ、強火の遠火で色がつく程度まで焼きます。

❸焼き色がついたら裏に返し、皮目を焼いて火を通します。

❹皮目に焦げ目がついたら取り出し、経木にとって金串を抜きます。

つけ焼き

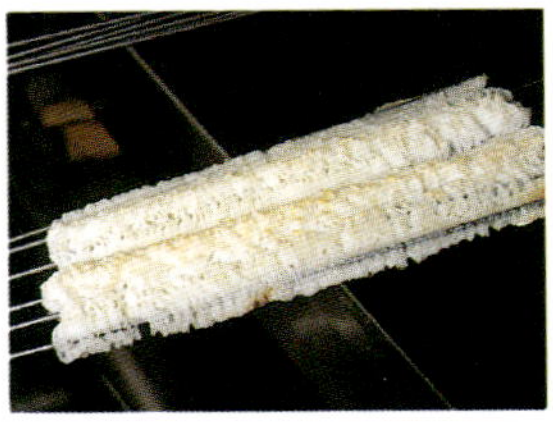

❶串を打った鱧の身を焼き色が薄くつく程度まで強火の遠火で焼きます。

❷焼き色がついたら取り出し、焼きだれを身に回しかけてさらに焼きます。

❸表面が乾いたら再び焼きだれをかけて焼き、これを二度程繰り返します。

❹裏返して焼き、皮目に焦げ目がついたら焼きだれを一度回しかけます。

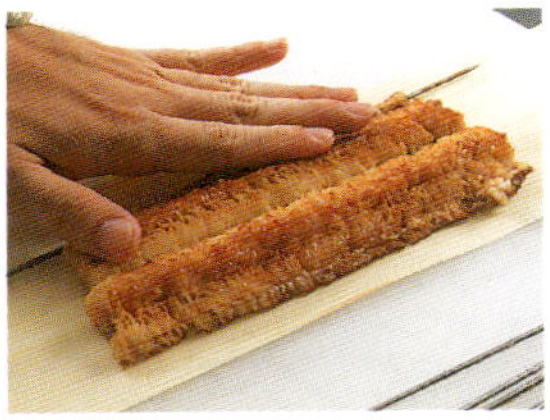

❺皮目を再び焼いて香ばしく焼き上げ、経木に取って金串を抜きます。

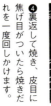

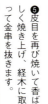

しんじょ地の仕立て方

しんじょ地に使う鱧の身は端身や残り身、中骨に残った身も利用でき、鱧一尾を有効に使うためにも覚えておきたい仕事です。鱧だけでは固くなるので、白身魚のすり身をベースにします。これをだしで炊いたり、油で揚げて、料理に仕立てます。

◆ベースのすり身について

しんじょ地のベースは、白身魚のすり身に卵黄とだし汁、浮き粉、サラダ油を加えたものです。浮き粉を加えることでだしの流出を防ぎ、サラダ油を加えることでなめらかなつやのあるしんじょ地に仕上がります。

しんじょ地（落とし）

❶落としにした身を細かく切ります。落としにして残ったものも使います。

❷ベースの白身魚のすり身に食感を残すよう、ざっくりと混ぜ合わせます。

しんじょ地（そぎ身）

❶皮と骨を残して身をそぎ取ります。端身や中骨についた身も使います。

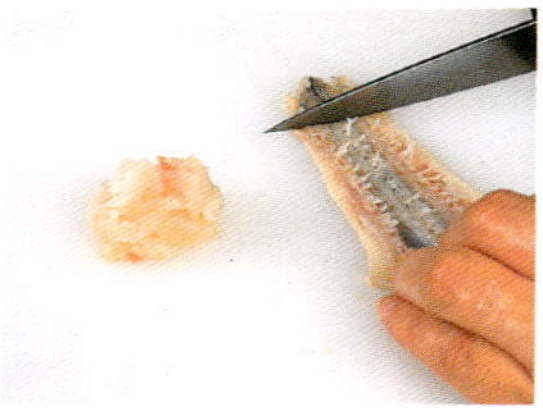

❷そぎ取った身を当たり鉢でよく当たり、ベースのすり身と混ぜます。

だしで炊く

❶なめらかに当たったしんじょ地を、スプーンで丸く取ります。

❷これを煮立たせただし汁のなかに一つずつ落として火を通します。

油で揚げる

❶しんじょ地をスプーンで取り、手のひらの上で丸く形を調えます。

❷一七〇度位に熱した揚げ油にしんじょ地を落として揚げ、油をきります。

鱧の中骨を使うだしとたれ

鱧の料理には主にかつお節と昆布でとるだし汁を使っていますが、特に鱧の旨味を味わって頂く料理には、鱧の頭や中骨を加えて煮だし、鱧の旨味を利かせた濃厚なだし汁を作ります。このだし汁は鱧鍋など汁ごと食べる料理に向きます。中骨や頭に血合いが残っていると、だし汁が生臭くなってしまうので丁寧に水洗いすることがポイントです。

昆布と鱧のだし汁

鱧の頭と中骨を使うこのだし汁は、濃厚なコクが特徴で、冷やして食べて頂くスープや煮ものなどに向きます。

❶鱧の頭を掃除します。黒い薄膜の部分を指できれいに取り除きます。

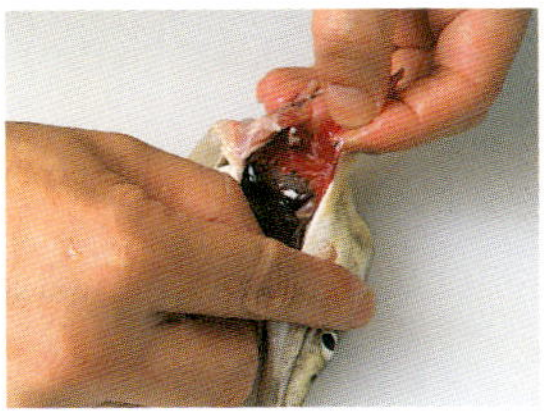

❷頭にあるエラの部分も取り除き、水洗いします。

❸鍋に水と昆布を入れて火にかけ、煮立ってきたら頭と中骨を加えます。

❹頭と中骨からアクが浮いてくるので、途中、何度もアクを引きます。

❺昆布は爪のあとが残る程度に柔らかくなったら鍋から取り出します。

❻出てくるアクを丁寧に取り、地が澄んだらさらしで漉して仕上げます。

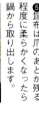

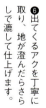

かつお節と鱧のだし汁

かつお節と昆布のだし汁に中骨を入れて煮だしたもので、鱧鍋などに使います。アクを丹念に引いて透明に仕上げます。

❶中骨を掃除します。残っている血合いをたわしでこすって落とします。

❷かつお節と昆布のだし汁を火にかけ、煮立ってきたら中骨を入れます。

❸途中、アクと鱧の脂が浮いてくるので、これを丁寧に取り除きます。

丼もののたれ

鱧の丼には、鰻丼に鰻の骨を使ったたれをかけるように、鱧の中骨を煮だして鱧の旨味とコクを加味したたれを用意します。血合いをきれいに掃除した中骨をあぶって使うので、香ばしさも楽しめます。

❶掃除した中骨をアルミホイルを敷いた焼き網にのせてあぶります。

❷鍋に酒とみりんを入れて火にかけ、煮きってから中骨を入れます。

❸続いて濃口醤油を加え、さらに色をつけるためにたまり醤油を加えます。

❹最後に砂糖を加えて煮溶かし、味を調えます。

❺煮立たせないよう注意しながら火を入れ、かき混ぜて味をなじませます。

鱧を味わい尽くす

鱧の魅力を深める逸品料理

鱧は身だけではなく、子や肝はもちろん、胃袋、浮き袋などの内臓、皮、骨、頭部とほぼ丸ごと一尾を素材とすることができ、経済的で無駄の少ない魚といえます。いずれの部位も適切な下ごしらえが大切で、料理の仕上がりに違いが出ます。中でも下ごしらえに手間がかかるのが鱧の子で、水にさらす作業を十回ほども繰り返します。こうして丁寧に処理された鱧の子は、卵とじや塩辛にすると独特の美味しさがあり、とくに卵とじと小芋の炊き合わせは、京らしい夏の逸品ともいえます。鱧の内臓のうち、幅広い料理に使いやすいのが肝で、やや濃い味に炊くのがポピュラーですが、ここでは薄味の料理も多く紹介しています。胃袋や浮き袋は、味より独特の食感が魅力の部位。相性のよい素材を取り合わせ、歯応えの楽しさを引き出すと魅力が高まります。鱧の皮は量が集まりますから色々に料理されます。胡瓜と和える鱧きゅうや混ぜご飯は家庭の食卓にも頻繁にのぼります。頭は食通好みといわれるところ。さすがに口の部分は食用とせず、頬の身を味わいます。鱧の頬は骨の多い魚体中、唯一骨のないところ。南蛮漬けや茄子と炊いたりして、料理屋ではまかないにしますが、しみじみとした味わいがあり、面白さも手伝ってか意外に喜んで頂けます。

鱧の肝松風

鱧の肝のまったりとした味わいを活かし、松風に仕立てました。濃厚な旨味がありますから少量をお出しするだけで充分満足して頂けます。干しぶどう、松の実、白胡麻でアクセントをつけ、食べ味を豊かにします。（高見）

鱧の肝　胡麻豆腐

胡麻豆腐の生地に、甘辛く炊いて細かく切った鱧の肝を合わせますが、胡麻豆腐の味わいを損ねることがないようにと心掛けます。豆腐生地は菜箸にねっとりとまとわりつくまで根気よく練りあげるようにします。（高見）

鱧の肝の扱い方

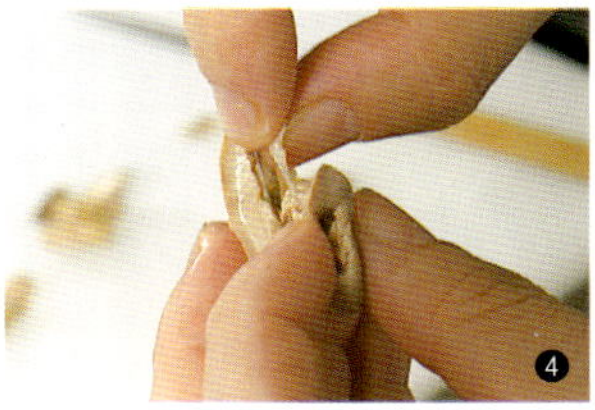

●下味をつける

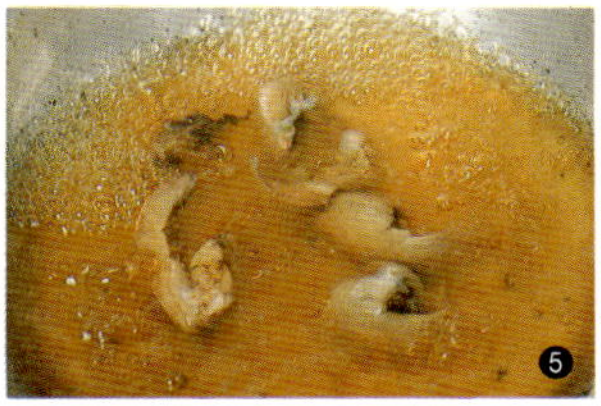

●裏漉しする

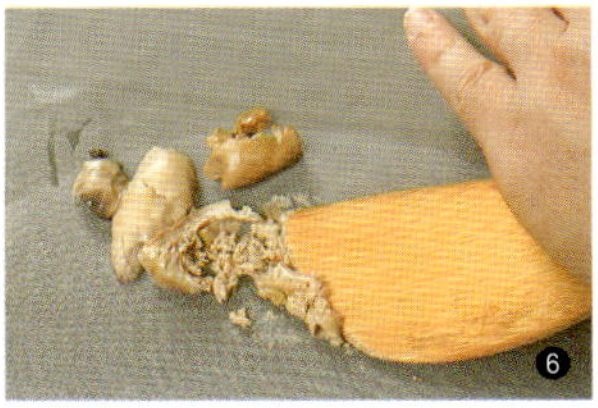

鱧の肝は、まったりとした食べ味が特徴です。普通は甘辛の濃い目の味に炊きますが、下ごしらえを丁寧にすれば、薄味に調え持ち味を楽しんでも頂けます。肝の大きさは魚体にほぼ比例しますが、下処理の上では大きいものが扱いよいと思います。

肝を扱うポイントは、まず茹で方にあります。完全に火を通し、茹でる時に出るアクも丁寧に除いて臭みを取ります。肝が表面に浮いてきたら、完全に火が通ったという目安です。

もう一つのポイントは、肝に味を含ませるときに、じっくりと火を入れるということ。薄味に仕立てる場合は、とくに時間をかけてじっくりと煮含めて、生臭みを除きます。

下処理はまず、水が透き通るまで肝をさらします①。熱湯で表面に浮いてくるまで茹でて完全に火を通したら②、氷水で身を締め、粗熱をとります③。血合いのような固い筋は臭みと口当たりの悪さの原因となるので除きます④。以上、下処理した肝は用途によって下味をつけますが、どの場合も最初は薄味にします⑤。また、「鱧の肝松風」のような料理には、下味をつけたものを裏漉しして使います⑥。

鱧肝煮　胡麻酢和え添え

ごく普通に甘辛く炊いた鱧の肝を先付にふさわしくと仕立てた例です。中央の小猪口に肝を、まわりのほおずきに三度豆（さやいんげん）と松の実の胡麻酢和えを盛り、見た目にも食感にも楽しさを出しました。

（高見）

水無月豆腐

京都では一年を折り返す六月三十日の「夏《な》越《ご》しの祓《はらえ》」で、水無月というお菓子を頂きます。この料理は胡麻豆腐と鱧の肝を使って先のお菓子を模したもので、水無月にお出しする前菜の一つです。

（高見）

鱧の肝のテリーヌ 胡麻ソース添え

洋風の一皿ですが、「海水寄せ」という和の技法がヒントです。盛夏の頃の大きめの鱧の肝で作りますが、ゼラチンと寒天を上手に併用することで、切り口の美しさとなめらかな舌触りが生まれます。

（高見）

鱧の子の石垣小芋

鱧の子と小芋の取り合わせで新しい味をと、工夫したものです。炊いた小芋に鱧の子入りのしんじょ地を流して蒸しますが、しんじょ地と小芋の柔らかさを揃えると、切りわける時も、食べる時もしっくりとします。（高見）

鱧の子の扱い方

鱧は早いものは四月から子を持ちますが、旬は六月から七月で、量も増え、粒の食感も柔らかくなります。おいしくするには手間をかけて丁寧に下処理すること。子の一粒、一粒を覆っている薄膜を完全に除き、臭みなく、口当たりよく仕上げます。

鱧の子を取り出したら、まず熱湯に入れ、ほぐすように菜箸でかき混ぜ、絡みついてくる筋や膜を除きます（①②③）。全体がほぐれてきたら強火で茹でて、表面に浮いてくるアクや薄膜を除きます（④）。浮遊物がほとんどなくなったら火からおろし、鍋に少量ずつ水を流し入れてさらし、完全に冷まします（⑤）。ボールに、目の粗いザルを重ね、ここに⑤を流し入れたら、粒を潰さないよう手でかき混ぜ、下のボールで子を受けます（⑥⑦）。ザルに残っているのは膜など不要の物です（⑧）。子の入ったボールに水を加え、しばらく置くと子は沈みます。浮いているものだけを静かに流して捨てるようにします（⑨⑩）。この工程を最低でも10回、水が澄むまで繰り返します。さらしを敷いたザルに鱧の子をあけて、さらに血合いや汚れを除いて（⑪⑫）、下処理の完成です。

鱧の子の塩辛

鱧の子の一粒一粒に透明感を持たせ、しっとりと仕上げたいので、下処理には熱湯を使っていません。強めの塩で漬けますので、ごくごく少量をおすすめし、鱧の子ならではの珍味的な風味を楽しんで頂きます。（苗村）

鱧の子のゼリー寄せ

鱧の子をゼリーで寄せ、みりん八方地のゼリーを間に挟みました。鱧の子の食感を活かすようゼリーは柔らかめに仕立てています。鱧の子のゼリー寄せだけを供してもよく、その場合は美味だしですすめます。（高見）

鱧の胃袋と胡瓜の土佐酢和え

胃袋と胡瓜を使ったシンプルな和えものをグラスに盛って洒落た雰囲気に仕上げました。胃袋はかたいので小さめに切り分け、味の絡みをよくするために、土佐酢は葛でとろみをつけました。

（高見）

鱧の胃袋の扱い方

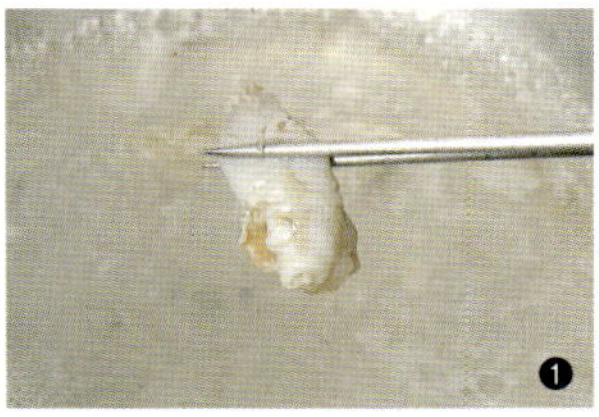

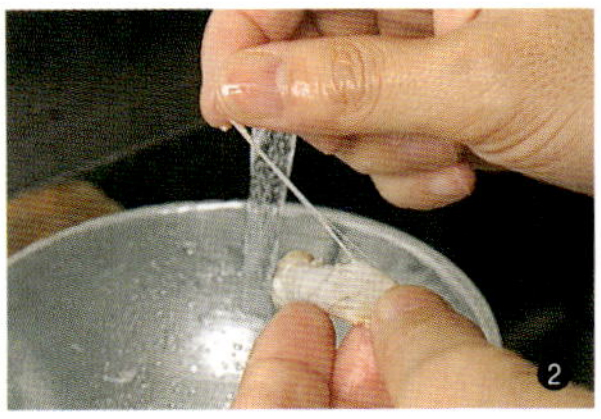

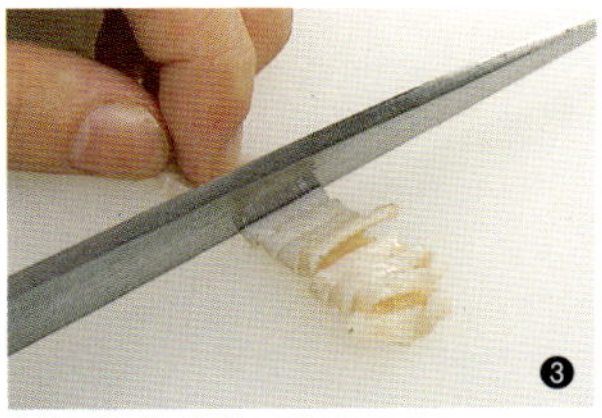

鱧はとても獰猛な魚で、貝類、魚、海藻と何でも雑多に食べます。だからというわけではないでしょうが、胃袋はとても丈夫で、茹でても堅く、料理では、もっぱらコリコリとした食感を楽しんで頂きます。加えて、味的にもこれといった特徴がありませんので、取り合わせる素材で魅力を高めます。よく合うのは、胡瓜やうど、葱など、やはりシャキッとした歯触りのもの。柔らかいものを取り合わせたのでは胃袋の硬さばかりが口中に感じられ、違和感が残ります。酢のものや和えものに仕立てることがほとんどですが、細かく食べよく切って、少量を供すると、意外性が高く喜ばれます。味つけは、加減酢などでは味をはじいてしまいますから、葛をひいてとろみをつけたり、辛子酢味噌を使うなど、味が馴染むものを添えるようにします。

胃袋の下処理ですが、まず、そのまま熱湯に入れ、少し長めに茹でます。白っぽくなってきたら（①）、水にさらして粗熱を取り、筋、ごみ、内容物などをきれいに除きます（②）。胃袋は茹でても固いままですから、なるべく細かく切ってから（③）、料理に使います。

鱧の浮き袋しんじょ

浮き袋も丁寧に仕事をすることで、高級感のある料理となります。ここでは浮き袋に雲丹入りのしんじょ地を詰め、色を活かすように薄味で煮含めました。前菜、先付にもうってつけに仕上がりました。（高見）

鱧笛の酢のもの

〝鱧笛〟は浮き袋の別名。小さめに切ることが多いのですが、あえて大きめに使い、意外性を楽しんで頂きます。浮き袋は美肌によいコラーゲンの塊といわれますので、女性には特に喜ばれると思います。（苗村）

鱧笛（浮き袋）の扱い方

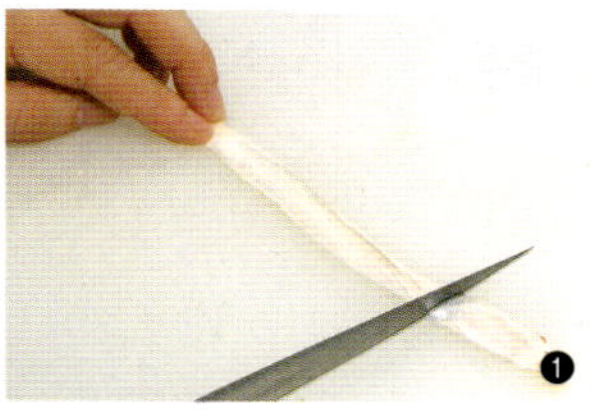

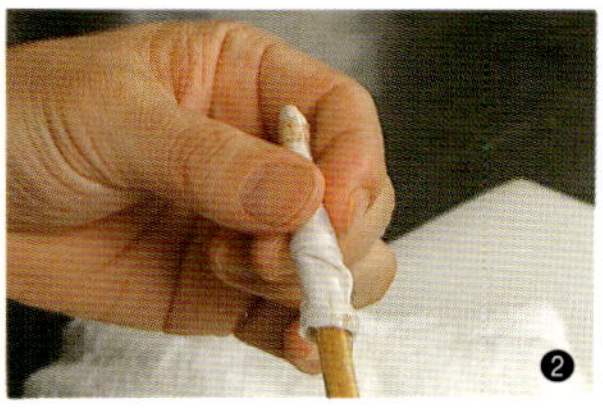

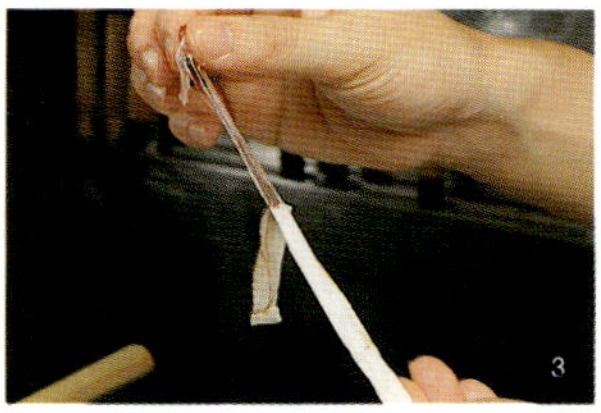

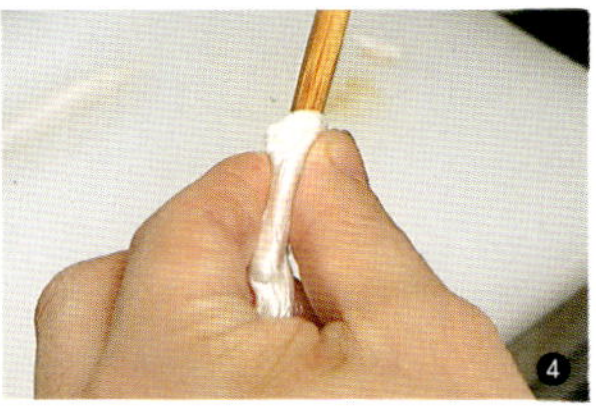

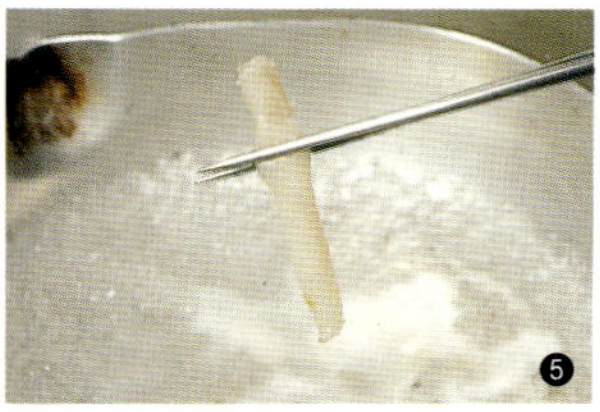

●茹であがり

浮き袋は歯に絡みつくようなねっちりとした食感があり、胃袋と同じく特有の歯応えを楽しむもので、味にはあまり特徴がありません。火を入れすぎても食感には変化がありませんから、扱いやすい部位です。料理では「ぼたん鱧」を始め、椀盛りの浮き身によく使われますが、なめこや蓴菜といったぬるっとした食感のものと合わせると相性よく仕上がります。

ほかに酢のもの、和えものなどにすることが多いのですが、ここで紹介の「鱧の浮き袋しんじょ」のように詰めものに仕立てても面白く、個性的に仕上がります。

浮き袋の下処理は次の通りです。両端を少し切り落として、庖丁の背で内容物をこそげ出します（①）。一番の生臭みの原因である内側の膜がまだ残っていますから、菜箸などを使って裏返してきれいに取り除きます（②③）。再び菜箸で返して元に戻したら（④）熱湯で茹でます。写真（⑤）はまだ茹でている最中のものです。完全に火が入ると、白い身に透明感が出てきます（⑥）。これを水にさらして粗熱を取ってから、各種料理に使います。

鱧皮と青唐辛子の鍬焼き

鍬焼きは、畑仕事の合間に野鳥などを鍬で焼いて食べたのが始まりといわれています。ここでは鱧皮と青唐辛子を鍬焼きの手法で甘辛く煎り焼きとしましたが、端身などを活用しやすい料理でもあります。（苗村）

鱧皮ご飯

さり気ないけれど、皮の美味しさに気付いて頂けるご飯ものです。贅沢に干しこのこを取り合わせるのがポイントで、皮の旨味を感じさせてくれます。粉山椒の風味が味を引き締め、食をすすめます。（苗村）

鱧皮の変わり八幡巻き

鱧皮で小原木のうどを巻き込んだ変わり八幡巻きです。うどを巻いたらホイルで包んで蒸して、焼くときの皮の焼き縮みを防ぎ、同時に臭みも消します。たれが焦げやすいので、火加減には特に注意します。（高見）

鱧皮の扱い方

●塩をふる

●素材を巻き込む

鱧だけでなく、魚の身と皮の間は旨みがありますから上手に活用したい所です。鱧の皮にはぬめりが多く、ここに細菌がいるといわれますから、おろすときに丁寧にぬめりを除くことが必要で、料理に使うときに扱いやすくなります。鱧の皮は茹でたり、蒸したりするとつるんとした食感になりますが、これは鱧の皮に含まれるゼラチン質によるものです。茹でた皮をお造りのつま替わりに添えると口当たりよく、目先も変わります。しんじょ地に鱧皮を張りつける「鱧皮しんじょ」もゼラチン質を利用したもの。焼きものにすればカリッとした香ばしい美味しさも楽しめます。

調理する前には皮に塩や酒を振って①生臭みを抑えます。塩や酒は味をつけるものではなく、あくまでも臭みをとる量で抑えます。また、前述のように皮にはゼラチン質があるので巻き込む②ような料理にも適します。

鱧の頭の南蛮漬け

鱧の頭の一番の美味しさは頬の身で、唯一骨がなく、食通が好む部分といわれます。これは料理屋のまかないによく登場するもの。しっかり焼いて低温で揚げ、南蛮地に漬けるという昔ながらの手法で作りました。（苗村）

骨煎餅

骨やヒレからも美味しいおつまみが作れます。パリッと仕上げるには風干しが欠かせません。次いで部位ごとに一度揚げ、二度揚げ、唐揚げと、個性を活かして煎餅にします。後を引く味わいです。（高見）

鱧の頭・中骨の扱い方

頭といっても、鱧の中で唯一骨のない頬の身を料理に使います。ここで紹介の「鱧の頭の南蛮漬け」の他、鱧の頭と茄子の煮含めもよく作られるものです。頬の身をせせって食べるので手間はかかりますが、味わい深い部分で、食通好みといわれます。頭の骨は硬いので、骨が比較的柔らかい五〇〇～六〇〇グラムくらいの大きさが頃合いです。この大きさだと頬の身もほどよくあります。料理に使うときもだしを取るときも、黒い薄皮とエラは必ず取り除くようにします。

中骨や腹骨などは「骨煎餅」にすると美味しく食べられます。形を整えて風干しし（写真）、骨の水分をとばしてカラッと仕上げます。料理やだしに中骨を使うときには、骨に残った血をきれいに洗い流し、生臭くならないようにします。

新玉ねぎの鱧の潮煮

びっくりするほど甘い玉ねぎに出会ったときに、丸のままの美味しさを伝えたいと考え試行を重ねてみました。玉ねぎを良質の鱧のだしでじっくりと炊くと、鱧の旨味が移り、玉ねぎ自体の甘みもより冴えてきます。（高見）

鱧料理・解説と作り方

【京都が育んだ鱧料理】

◉ぼたん鱧　（カラー一一頁）

▼材料

ぼたん鱧（鱧のおろし身　葛　だし汁　塩）　蓴菜

新牛蒡　煮汁（だし汁　淡口醤油）

はす芋　おろし大根の汁　だし汁

吸い地（だし汁　淡口醤油　塩）

人参　実柚子

▼作り方

①ぼたん鱧を作ります。鱧のおろし身を骨切りして四、五センチ幅に切り、身の間まで丁寧に葛を打って余分な葛をはたき、塩を少々加えて熱したださし汁の中に落とします。ぼたんの花のように身が開いてきたら氷水にさっと取り、まだ温かいうちに水気をきってお椀に盛ります。

②蓴菜はさっと熱湯に通してザルにあげます。新牛蒡は酢少量を入れた熱湯で茹で、柔らかくなったら水でさらして管牛蒡にしてから煮汁で煮ます。はす芋は皮をむき、おろし大根の汁で茹でて、水にさらし、大根の匂いを消してだし汁に浸します。

③ぼたん鱧を盛った椀の手前側に管牛蒡を盛り、蓴菜を入れて天にはす芋と松葉人参をあしらいます。煮えばなの吸い地を張って、吸い口に実柚子を添えます。

◆葛を打った鱧は、熱湯に落とすことが多いのですが、熱湯に落としてからだし汁で温めると火が入りすぎるおそれがあるので、直接だし汁に落としています。また、鱧にだし汁の風味を加味することもできます。

◆はす芋をおろし大根の汁で茹でるのは、きれいに色を出すため。大根の匂いを消すために、水によくさらしてから使います。

◉鱧素麺　（カラー一二頁）

▼材料

鱧素麺（鱧のおろし身　白身魚のすり身　だし汁　浮き粉）

だし汁

茄子　塩　だし汁

吸い地（だし汁　淡口醤油　塩）　柚子

▼作り方

①鱧のおろし身は、頭から尾側へ庖丁で身をそぎ取り、細かく叩きます。

②白身魚のすり身にだし汁で溶いた浮き粉を少しずつ加えてのばし、叩いた鱧の身と合わせ、ビニール袋などに詰めます。袋の角を少し切り、煮立たせただし汁の中に細く絞り出して火を通します。鱧素麺が浮き上がってきたら取り出します。

③茄子は金串で皮に穴をあけ、塩を振って焼き網で焼きます。焼き上がったら冷水に落として皮をむき、水気を拭き取ってからだし汁で煮ます。

④椀に鱧素麺と水晶茄子を盛り、煮えばなの吸い地を張って吸い口に松葉柚子を添えます。

◉鱧と松茸の土瓶蒸し　（カラー一三頁）

▼材料

鱧のおろし身

松茸　煮汁（だし汁　淡口醤油　塩）

車海老　銀杏　三つ葉

吸い地（だし汁　淡口醤油　塩　みりん）　鱧の茹で汁

すだち

▼作り方

①鱧のおろし身は骨切りして三、四センチ幅に切り、塩少々を入れた熱

湯に落とします。身が開いたら氷水に取って水気を絞ります。
②松茸は石づきを削って汚れを拭いたら縦に四等分位に切り、だし汁と他の調味料を合わせた煮汁でさっと煮ておきます。
③車海老は背ワタを取って塩茹でし、殻をむきます。銀杏は鬼殻から取り出し、玉杓子などで転がしながら茹でて薄皮をむき取ります。三つ葉は軸の部分を使い、さっと塩茹でして四、五センチ長さに切り揃えます。
④土瓶に鱧と松茸、車海老、銀杏、軸三つ葉を盛り、吸い地と鱧の茹で汁、松茸の煮汁を合わせたものを注ぎ入れ、土瓶ごと蒸し器で蒸します。蒸し上がったら飾り切りしたすだちを添えて熱々を供します。

◉鱧ちり　梅醤油

(カラー一四頁)

▼材料
鱧のおろし身
梅醤油（減塩梅干し　みりん　濃口醤油　砂糖）
大葉　針南京　紫芽じそ　水玉胡瓜

▼作り方
①鱧は、一一〇頁を参照して落としにします。
②器に氷を敷いて大葉をおき、鱧ちりを重ねて盛ります。針南京、紫芽じそを添え、水玉胡瓜を手前に盛ります。梅醤油を別器で添えます。
◆梅醤油は、減塩の梅干しを種を取って裏漉しし、みりん、濃口醤油、砂糖で味を調えたものです。

◉水晶鱧　蓼醤油

(カラー一五頁)

▼材料
鱧のおろし身　蓼醤油（蓼の葉　濃口醤油）
大葉　紫芽じそ　蓼の葉

▼作り方
①鱧のおろし身は骨切り位の間隔で一枚に切り落とし、焼き網にのせて天火であぶり、身に透明感を出します。これを団扇等で扇いで粗熱を取って水晶鱧にします。
②蓼の葉を細かく叩き、濃口醤油と合わせて蓼醤油を作ります。
③器に氷を詰めて大葉をのせ、その上に水晶鱧をこんもりと盛り、蓼の葉と紫芽じそを添え、蓼醤油を別添えにします。

◉水晶鱧の焼き目造り

(カラー一五頁)

▼材料
鱧のおろし身
土佐酢（酢　だし汁　淡口醤油　みりん　砂糖　かつお節）
赤芽じそ　山葵

▼作り方
①鱧のおろし身は骨切りして二・五〜三センチ位の幅に切り、焼き網の上にのせてバーナーであぶり、表面に軽く焼き目をつけます。
②氷を敷き詰めた器に笹の葉を敷いて焼き目をつけた造り身を重ねて盛り、赤芽じそと山葵を添えます。土佐酢を別添えにします。
◆土佐酢は、材料を合わせたものをひと煮立ちさせ、追いがつおをします。これをしばらくおいて冷まし、布漉ししたものです。

◉鱧の源平焼き

(カラー一六頁)

▼材料
鱧の酒焼き（鱧のおろし身　塩　酒）
鱧のつけ焼き（鱧のおろし身　濃口醤油　酒　水）
梅の含ませ煮（青梅　水　砂糖）

杵生姜

▼作り方

①鱧の酒焼きを作ります。鱧のおろし身は骨切りして金串を打ち、皮目には薄く塩を振り、身側には酒を振りかけ、遠火の強火で焼き上げます。

②鱧のつけ焼きは、一一三頁を参照して作ります。

③酒焼きとつけ焼きにした鱧を四、五センチ幅に切って盛り合わせ、梅の含ませ煮と杵生姜をあしらいます。

◆梅の含ませ煮／青梅は数本まとめた針で表面に穴をあけ、二、三日水にさらします。これを銅鍋で三、四回茹でこぼしては水にさらし、さらに中火で一五分ほど蒸して水を抜き、砂糖を煮溶かしたシロップで煮含めます。梅の含ませ煮は青梅が出てくる初夏に五、六キロ位ずつまとめて作り、夏場に使います。青梅は酸が強いのでアルミ製の鍋はさけた方がよいでしょう。銅鍋で茹でると、青梅の色が鮮やかに仕上がります。

◉鱧の宝楽焼き （カラー一六頁）

▼材料

鱧のおろし身　焼きだれ（だし汁　濃口醤油　みりん　酒）

栗麸　煮汁（だし汁　淡口醤油　みりん）　百合根　三つ葉

卵地（卵　だし汁　塩　淡口醤油　みりん　浮き粉）

▼作り方

①鱧のおろし身は骨切りし、一一三頁を参照してつけ焼きにして三、四センチ幅に切りわけます。

②栗麸は食べよく切り、ひと煮立ちさせた煮汁で薄く味を含ませます。

③百合根は掃除してがくからはずして熱湯で茹でます。三つ葉は葉を摘み取り、軸を三、四センチ長さに切ります。

④卵地を作ります。卵を溶きほぐし、だし汁と調味料、だし汁で溶いた浮き粉を加えて混ぜ、ぬれ布巾で漉してなめらかにします。

⑤宝楽鍋につけ焼きにした鱧と百合根、栗麸を盛り、卵地を流し入れ、軸三つ葉をのせます。一六〇度のオーブンで、約一五分焼きます。

◆卵地の固さの加減は、卵五個に対しだし汁二二〇cc位が頃合でしょう。

◉鱧の岩石焼き （カラー一八頁）

▼材料

鱧のおろし身　幽庵地（濃口醤油　酒　みりん）

松の実　すだち

▼作り方

①鱧のおろし身は一枚に落として幽庵地に三〇分程漬け込みます。

②鱧の汁気を拭いてアルミホイルの上に一枚ずつ重ね、こんもりと岩石の形を作り、中火の天火で焼きます。八分通り火が通ったら取り出し、粗く刻んだ松の実を散らしてさらに焼いて仕上げます。

③形を崩さないよう器に盛り、飾り切りにしたすだちを添えます。

◆ここでは幽庵地に漬けていますが、薄く塩をして焼いても構いません。塩焼きの時は、味を補うために蓼酢や二杯酢をかけて仕上げるといいようです。その場合、黒胡麻を散らすとまた違った味わいになります。

◉鱧松茸鳴門巻き （カラー一九頁）

▼材料

［鱧松茸鳴門巻き］

鱧のおろし身　塩　松茸　煮汁（だし汁　淡口醤油　塩）

八方地（だし汁　淡口醤油　みりん）

［秋茄子の田舎煮］

茄子　揚げ油　煮汁（だし汁　淡口醤油　みりん　砂糖）

［海老芋の八方煮］

海老芋　米のとぎ汁　八方地（だし汁　淡口醤油　みりん　砂糖）
柚子

▼作り方

①**鱧の松茸鳴門巻き**を作ります。鱧のおろし身は骨切りして皮目に薄く塩を振っておきます。

②松茸は石づきを薄く削って、汚れを拭きます。軸の部分は鱧の鳴門巻きの芯にするために、細く切って松茸用の煮汁で味を含めます。笠の部分は盛りつけ用として大きめに切り、同じ煮汁で煮ておきます。

③鱧は皮目を上にして横長におき、手前側に松茸の軸の部分を並べて巻き込み、へぎ紐で数か所結びます。八方地の材料を煮立てて鱧の松茸鳴門巻きを煮含めます。

④**秋茄子の田舎煮**を作ります。茄子はへたを切り落として素揚げにし、煮汁でゆっくりと煮含めます。

⑤**海老芋の八方煮**を作ります。海老芋は泥を落として天地を切り、皮を六方むきにして形を整えます。たっぷりの米のとぎ汁で下茹でし、串がすっと通る程度になったら水に取ってアクを抜きます。これを八方地の材料で煮て鍋止めにし、味を含ませます。

⑥器の奥に秋茄子の田舎煮をおき、手前に海老芋の八方煮を重ねて盛って、二センチ厚さに切った鱧の松茸鳴門巻きを重ね盛りにします。盛りつけ用の松茸の笠の煮物を前盛りにし、針柚子を天に盛って仕上げます。

●鱧の子と落ち小芋の炊き合わせ

（カラー二〇頁）

▼材料

[**鱧の子の玉〆**]
鱧の子　煮汁（だし汁　淡口醤油　酒　みりん　砂糖）　卵

[**落ち小芋の煮物**]
小芋　煮汁（だし汁　淡口醤油　みりん　砂糖）
柚子

▼作り方

①**鱧の子の玉〆**を作ります。鱧の子は一二五頁を参照して丁寧に下処理します。鍋に鱧の子とだし汁を入れて火にかけ、煮立ってきたら調味料を加えて煮込み、溶き卵の半量を加えて菜箸でかき混ぜます。火が通ったら残りの溶き卵を玉杓子を通して流し入れ、鍋を動かさずに火を通し、ふんわりと仕上げます。

②**落ち小芋の煮物**を作ります。小芋は泥を落とし、皮つきのまま水から茹でます。竹串を刺して、すっと通るようになったら水に取ります。底の部分を切り落として皮を除き、ひと煮立ちさせた小芋用の煮汁でじっくりと煮含めます。

③器に落ち小芋の煮物を盛り、鱧の子の玉〆をスプーンですくい取って盛り添えます。彩りに青物を添え、振り柚子をして仕上げます。

●鱧の黄金煮

（カラー二一頁）

▼材料

鱧のおろし身　煮汁（だし汁　砂糖　淡口醤油　みりん　酒）
卵黄　九条葱　柚子

▼作り方

①鱧のおろし身は骨切りして三センチ幅に切り落とします。

②鍋にだし汁を入れて火にかけ、砂糖、淡口醤油、みりん、酒で味を調えます。煮立ったところへ鱧を入れて七分通り火が通ったら、溶きほぐした卵黄を流し入れ、半熟程度で火をとめます。

③器に煮汁ごと鱧の黄金煮を盛り、茹でた九条葱を天にのせ、車柚子を添えます。

◆この料理に葱はかかせないもので、本来、鱧と葱を一緒に煮たところへ卵黄を落とす調理が一般的です。

◉鱧寿司

（カラー一二二頁）

▼材料

鱧のおろし身　焼きだれ（濃口醤油　酒　水）

すし飯（白飯　米酢　砂糖　塩　昆布　旨味調味料）

煮つめ（濃口醤油　たまり醤油　酒　みりん　砂糖　葛）

江戸生姜（土生姜　米酢　砂糖　塩　昆布）

実山椒の佃煮（実山椒　濃口醤油　酒　砂糖）　柚子

▼作り方

①鱧は四〇〇～五〇〇グラム位のものを用意します。おろし身にして骨切りし、白焼きにしてから、焼きだれを二、三度かけてつけ焼きにし、尾側の幅の狭い部分を切り取ります。

②ぬらしたさらし布巾を広げ、つけ焼きの鱧を皮目を上にしてのせ、すし飯となじみやすくするため、たなごころで軽く鱧を押しつぶします。

③鱧寿司一本分のすし飯を取って軽く握り、棒状になるように形を整えます。これを鱧の上にのせ、さらし布巾ごと鱧の身側を上に返し、切り口が扇形になるよう手で押さえて形を整えます。さらに巻き簀をかぶせて両端を押し込みながら、しっかりと形を作ります。

④巻き簀とさらし布巾をはずして煮つめをぬり、すし切り庖丁で一二～一四切れに切りわけます。鱧寿司の上におろし柚子と、実山椒の佃煮をのせて器に盛り、江戸生姜を添えます。

◆すし飯の合わせ酢／米酢三升に対し、砂糖三・五キロ、塩一・二キロを合わせ、火にかけて煮溶かします。このとき昆布も入れますが、足りない旨味は少量の旨味調味料で補います。

◆煮つめ／材料の調味料を合わせて火にかけ、煮立たせない程度の火加減で三分の二量位まで煮つめ、葛を入れてとろみをつけています。

◆実山椒の佃煮／よく洗った実山椒を濃口醤油、酒、砂糖で汁気が少なくなるまで煮詰めて作ります。

◆江戸生姜／土生姜は皮をむいてごく薄くへぎ、熱湯でさっと茹でてザルにあげ、水気を充分にきります。米酢に砂糖と少量の塩、昆布を加えて火にかけ、砂糖が溶けたら火からおろして冷まし、合わせ酢を作ります。この合わせ酢に水気をきった土生姜を入れて漬け込みます。

◉鱧の押し寿司

（カラー一二三頁）

▼材料

鱧の白焼き　煮汁（だし汁　淡口醤油　みりん　酒　砂糖）

すし飯（白飯　米酢　砂糖　塩　昆布　旨味調味料）　焼き海苔

煮つめ（濃口醤油　たまり醤油　酒　みりん　砂糖　葛）

江戸生姜（土生姜　米酢　砂糖　塩　昆布）　酢取り生姜

▼作り方

①鱧は白焼きにしたものを用意します。鱧の身を指でほぐしながら皮をはがし、身だけを煮汁で汁気がなくなるまで煮ます。途中、浮いてくるアクは丹念に取り除きます。

②押し寿司用の箱の二分の一の高さまですし飯を詰めたら箱の大きさに合わせて切った海苔をのせ、さらに箱の高さまですし飯を詰めます。

③①の鱧の身の汁気を絞り、庖丁の背で身をのしてはすし飯の上にのせる工程を繰り返し、まんべんなく鱧を貼ります。

④貼り終わったら押し蓋をのせ、体重をかけて押し、箱枠をはずします。形が崩れないように寿司の下に庖丁を差し入れて押し寿司を横に置き変え、煮つめをたっぷりぬって一四切れに切ります。

⑤器に一人分七切れを盛り、江戸生姜と酢取り生姜を添えます。

◆ここでは白焼きの鱧を使いましたが、つけ焼きにしたものでも構いません。その場合は、もとから鱧に味が入っていますので味は加減します。

◆すし飯、煮つめ、江戸生姜の作り方は、一四〇頁の「鱧寿司」の作り方を参照して下さい。

◉松茸と鱧の酒蒸し

（カラー二四頁）

▼材料

鱧のおろし身　松茸　塩　昆布　酒

ぽん酢醬油（すだちの絞り汁　濃口醬油　みりん）

▼作り方

①鱧のおろし身は骨切りして二、三センチ幅に切り、軽く塩を振ります。松茸は石づきを削って汚れを除き、食べよく切って塩を振ります。

②器に汚れを拭いた昆布を敷き、鱧と松茸を重ねて盛り、たっぷりと酒を振って蒸し器で二〇分程蒸します。ぽん酢醬油を添えて供します。

◆ぽん酢醬油は、すだちの絞り汁など柑橘類の果汁と濃口醬油、みりんを合わせて数日間寝かせたものです。紅葉おろしを添えても構いません。

◉鱧と松茸の鍋もの

（カラー二五頁）

▼材料

鱧のおろし身　松茸　長葱　粟麩

鍋地（鱧のだし汁　淡口醬油　みりん　酒　塩）

すだち

▼作り方

①鱧のおろし身は骨切りして白焼きにし、三、四センチ幅に切ります。

②松茸は石づきを削って汚れを落とし、食べよく切ります。長葱は三、四センチ長さに切り、粟麩は適当な大きさに切って、軽く焦げ目をつけておきます。

③煮立たせた鍋地の材料に、白焼きの鱧と松茸、長葱、粟麩を入れて煮ます。煮えばなをすだちを絞って食べて頂きます。

◆鱧のだし汁／この鍋のおいしさは、鱧のだしのきいた鍋地にあります。鍋地に使うだし汁は鱧の中骨を煮だしたもの。昆布とかつお節を合わせただしを煮立せたところへ、血合いを丁寧に除いた中骨を入れ、だし汁が澄んでくるまでアクを丹念に取って煮だします。また、落としにした鱧の茹で汁を使ってもよいですし、併用してもおいしく仕上がります。

◉鱧の柳川

（カラー二六頁）

▼材料

鱧の落とし　鱧の肝　煮汁（だし汁　淡口醬油　みりん　砂糖）

牛蒡　茄子　みょうばん　塩

柳川の煮汁（だし汁　淡口醬油　みりん　酒　砂糖）

卵　粉山椒　三つ葉

▼作り方

①鱧は落としを用意します。鱧の肝は一二一頁を参照して下処理し、だし汁と調味料を合わせて煮立たせた煮汁で味を含めます。

②牛蒡はささがきにしてから水にさらし、アクを抜いてさっと茹でます。茄子は一センチ厚さに縦に切り、みょうばんにつけて色を止め、塩少々を入れた熱湯で茹でます。

③柳川鍋にだし汁と調味料を合わせて火にかけ、ささがき牛蒡、鱧の落とし、茹でた茄子を並べ、中心に鱧の肝をおきます。煮汁が煮立ったら溶き卵を流し入れ、半熟状になったら火からおろします。粉山椒を振って色よく茹でた軸三つ葉を散らします。

【季節を彩る献立の品々】

【前菜・先付】

◉鱧のカピタン漬け

（カラー二九頁）

▼材料
鱧のおろし身　片栗粉　揚げ油
土佐酢（酢　だし汁　淡口醤油　みりん　塩　砂糖　かつお節）　二十世紀梨
青葱　菊花

▼作り方
①鱧のおろし身は骨切りして三センチ幅に切り、骨切りした身の一枚一枚に片栗粉を刷毛で薄くまぶし、一七〇度に熱した揚げ油で揚げます。
②土佐酢の材料を火にかけ、煮立ったら追いがつおをして火をとめます。これを冷まして、すりおろした二十世紀梨を加え、混ぜ合わせます。
③梨を加えた土佐酢に揚げたての鱧を漬け、二、三日おきます。
④器に鱧のカピタン漬けをこんもりと盛り、小口に切って水にさらした青葱と酢を少量加えた熱湯で茹でた菊花をのせます。

◉鱧の梅ゼリー寄せ

（カラー三〇頁）

▼材料
鱧の落とし　梅ゼリー地（だし汁　淡口醤油　みりん　梅肉　ゼラチン　寒天）

▼作り方
①鱧は落としにしたものを用意し、適当な大きさに切ります。
②梅ゼリー地を作ります。鍋にだし汁と淡口醤油、みりんを合わせて火にかけ、水でふやかしたゼラチン、水で戻して水気をきった寒天を煮溶かします。粗熱を取ってから、種を除いて裏漉しした梅肉を加えます。
③仕上がりが一口大になるよう適当な大きさの器にラップを敷き、鱧の落としを入れて梅ゼリー地を流し入れ、ラップの口を絞って冷蔵庫で冷やし固めます。固まったらラップをとり、飾り用の葉脈で包んで松葉で止め、器に盛ります。

◉鱧の羽二重蒸し、丸煮こごりのせ

（カラー三一頁）

▼材料
鱧の落とし　蒸し雲丹
茶碗蒸し地（鱧の中骨　水　かつお節　淡口醤油　みりん　卵）
すっぽんの煮こごり（すっぽんの煮汁　淡口醤油　塩　酒　生姜の絞り汁）
青葱

▼作り方
①鱧は落としにしたものを用意します。
②茶碗蒸し地を作ります。掃除した鱧の中骨を水に入れて火にかけます。煮立ったらアクを丹念にひいてかつお節を加え、再び煮立ったら火をとめて漉し取ります。冷めたら淡口醤油とみりん、卵を加えてぬれ布巾で漉し、器に流し入れます。
③蒸気の上がった蒸し器で茶碗蒸し地を蒸し、固まってきたら鱧の落とし と蒸し雲丹をのせて蒸し上げます。
④すっぽんの煮こごりを作ります。すっぽんの煮汁に淡口醤油と塩、酒を加えて味を調え、生姜の絞り汁を混ぜます。
⑤茶碗蒸しが冷めたらすっぽんの煮こごりを流して冷蔵庫で固めます。小口に切った青葱を天に盛り、氷を敷いた大鉢に器ごと盛ります。

◉鱧の紫陽花ゼリー

（カラー三二頁）

▼材料

鱧の落とし

梅ゼリー地（だし汁　淡口醤油　みりん　梅肉　ゼラチン）

すっぽんのゼリー地（すっぽんの煮汁　淡口醤油　塩　酒　生姜の絞り汁　ゼラチン）

▼作り方

①鱧は少し多めの塩を加えた熱湯で落としにします。

②梅ゼリーを作ります。だし汁と調味料を合わせて煮立たせ、火をとめます。種を取って裏漉しした梅肉を加え、水でふやかしたゼラチンを溶かします。これをバットに薄く流し、冷蔵庫で冷やし固めます。

③すっぽんのゼリーを作ります。すっぽんの煮汁に調味料を加えて煮立たせ、火をとめます。生姜の絞り汁を加え、水でふやかしたゼラチンを溶かし、梅ゼリー同様、バットに流して冷やし固めます。

④梅ゼリーとすっぽんのゼリーをそれぞれ細かく刻み、鱧の落としの上にのせて器に盛ります。

◉鱧のゼリー落とし

（カラー三二頁）

▼材料

鱧のおろし身

蓼ゼリー地（だし汁　淡口醤油　みりん　蓼　ゼラチン）

梅ゼリー地（だし汁　淡口醤油　みりん　梅肉　ゼラチン）

▼作り方

①鱧のおろし身は骨切りして、三、四センチ幅に切り落とします。

②蓼と梅の二種類のゼリー地を作ります。だし汁に淡口醤油、みりんを加え、水でふやかしたゼラチンを溶かします。ゼリー地を二等分し、一方に刻んだ蓼の葉、もう一方に種を取って裏漉しした梅肉を混ぜます。

③鱧の身を温めた蓼ゼリー地、梅ゼリー地にそれぞれ落としてゼリー地に絡め、バットで冷まします。氷を敷いた器に盛ってお出しします。

◉鱧の胡瓜巻き

（カラー三三頁）

▼材料

鱧の落とし　胡瓜　塩　紫芽じそ

土佐酢（酢　だし汁　淡口醤油　みりん　塩　砂糖　かつお節）

岩梨の焼酎漬け（岩梨　リカー酒　氷砂糖）

▼作り方

①鱧は落としにしたものを用意し、縦に細く切ります。

②胡瓜は両端を切って桂むきにし、薄い塩水に漬けて、水気をきります。

③桂むきの胡瓜を緑の部分を手前にしておき、鱧の落としを皮目を下にして並べ、中心に紫芽じそをのせます。手前側からきっちりと巻き込み、形を落ち着かせてからバットに並べ、土佐酢を注いで三〇分程漬けます。

④二センチ位に切った鱧の胡瓜巻きと、岩梨の焼酎漬けを器に盛ります。

◉水晶鱧と白ずいき、白瓜の胡麻酢和え

（カラー三四頁）

▼材料

鱧のおろし身　白瓜　塩　白ずいき　おろし大根の汁

胡麻酢（白胡麻　土佐酢　淡口醤油　みりん）

▼作り方

①鱧のおろし身は一枚で切り落とし、焼き網にのせて身が透き通るまで天火であぶります。これを団扇で扇いで粗熱を取り、水晶鱧にします。

②白瓜は桂むきにしてからせん切りにし、薄い塩水に漬けてしんなりとさせます。白ずいきは細い部分を用意し、薄皮をむいてからおろし大根

の汁を加えた熱湯で茹でて水に取り、白瓜に長さを揃えて切ります。
③胡麻酢を作ります。白胡麻を香りがたってくるまでよく煎ります。これをペースト状になるまで当たり鉢で当たり、土佐酢で溶きのばして淡口醤油とみりんで味を調えます。
④水晶鱧と水気をきった白瓜、白ずいきを合わせて胡麻酢でざっくりと和え、氷を詰めて菊の葉を敷いた器に盛ります。
◆白ずいきを茹でる際には、おろし大根を加えるときれいな白色に仕上がります。その場合、大根の匂いを消すために必ず水にさらします。

◉水晶鱧の山葵和え
（カラー一二四頁）

▼材料
鱧のおろし身　山葵　淡口醤油　酒　大葉
▼作り方
①鱧のおろし身は一四三頁の水晶鱧と白ずいき、白瓜の胡麻酢和えを参照して水晶鱧にします。
②山葵はよく洗って汚れを落とし、二ミリ厚さ位の小口切りにします。これを淡口醤油と酒を合わせた漬け汁に丸一日程漬け込みます。
③水晶鱧と山葵の醤油漬けをさっと和え、大葉を敷いた器に盛ります。

◉鱧ともずくの酢のもの
（カラー一二五頁）

▼材料
鱧の落とし　もずく　旨酢（酢　だし汁　淡口醤油　みりん　砂糖）
モロヘイヤ　うど　酢
酢取り茗荷　柚子
▼作り方
①鱧は落としにしたものを用意し、一口大に切り分けます。
②もずくは旨酢に一晩漬けて味を含ませておきます。
③モロヘイヤは熱湯で茹でて水に取り、水気をきって細かく叩きます。
④もずくを旨酢ごと器に入れ、鱧の落としとモロヘイヤ、酢水に漬けた菖蒲うどと酢取り茗荷をあしらい、ごく細く切った柚子の皮を添えます。
◆旨酢は材料を合わせたものを火にかけ、煮切ることで酢の酸味を程よくとばし、口当たりを柔らかくした合わせ酢です。

◉鱧とろろ汁
（カラー一二五頁）

▼材料
鱧のおろし身　焼きだれ（濃口醤油　酒　水）
つくね（丸）芋　だし汁　淡口醤油　塩
焼き海苔
▼作り方
①鱧のおろし身は骨切りしたのち、つけ焼きにして一口大に切ります。
②つくね芋は皮をむいてすり鉢のへりでおろし、だし汁を少量ずつ加えて咽越しのよい固さにのばし、淡口醤油と塩で味を調えます。
③器に焼き鱧とつくね芋を入れ、あぶった焼き海苔を天に盛ります。

◉鱧の和えもの　五種盛り
（カラー一二六頁）

▼材料
［鱧の雲丹和え］
鱧の湯引き　生雲丹　三つ葉
［鱧の肝和え］
鱧の洗い　鱧の肝　酒　淡口醤油　みりん
青葱　実山椒の佃煮
［鱧の菊花和え］

鱧の焼霜造り　菊花　土佐酢（酢　だし汁　淡口醤油　みりん　塩　砂糖　かつお節）　酢取り茗荷

［**鱧の梅和え**］

鱧の洗い　梅肉　淡口醤油　みりん　酒　はす芋

［**鱧のこのこ和え**］

鱧の湯引き　干しこのこ　酒　三つ葉

▼作り方

①**鱧の雲丹和え**を作ります。湯引きの鱧を（二一一頁参照）適当な大きさに切って猪口に盛り、生雲丹をのせて塩茹での軸三つ葉を添えます。

②**鱧の肝和え**を作ります。鱧のおろし身は一一一頁を参照して洗いにします。鱧の肝は一二一頁を参照して下処理し、酒と淡口醤油、みりんを合わせた煮汁で煮含め、毛漉しで裏漉しします。この鱧の肝と鱧の洗いを和えて猪口に盛り、小口に切った青葱と実山椒の佃煮をのせます。

③**鱧の菊花和え**を作ります。鱧は皮目を天火であぶって冷水に取り、水気をきって骨切りして、二度目の庖丁で切り落とします。菊花は、酢を加えた熱湯で茹でて水に取り、水気を絞ります。鱧の身と菊花を合わせて土佐酢で和え、猪口に盛って酢取り茗荷のせん切りをのせます。

④**鱧の梅和え**を作ります。鱧のおろし身は洗いにし、裏漉しして調味料でのばした梅肉と和えます。これを猪口に盛り、茹でたはす芋を添えます。

⑤**鱧のこのこ和え**を作ります。湯引きの鱧を細く切り、細切りにして酒を振っておいた干しこのこと合わせて猪口に盛り、軸三つ葉を添えます。

【椀盛り】

◉鱧しんじょの吸いもの椀

（カラー三七頁）

▼材料

鱧しんじょ地（鱧の落とし　帆立の貝柱　白身魚のすり身　だし汁　浮き粉　サラダ油　卵黄　塩）　昆布だし（水　昆布）

三度豆　京人参　本しめじ　煮汁（だし汁　淡口醤油）　柚子

吸い地（だし汁　淡口醤油　塩）

▼作り方

①鱧しんじょを作ります。フードプロセッサーに帆立の貝柱、白身魚のすり身、だし汁で溶いた浮き粉、サラダ油、卵黄、塩を入れてまわし、充分になめらかになったら、細かく切った落としの鱧を加えてざっくりと混ぜ、一口大位の丸に取って昆布だしで煮ておきます。

②三度豆は両端を切り落として塩茹でします。京人参は紅葉形に切り、しめじは一本ずつ切り離し、それぞれを煮立たせた煮汁でさっと煮ておきます。

③椀に鱧しんじょを盛り、天に三度豆と紅葉人参、細く切った柚子をのせ、煮えばなの吸い地を張って本しめじを前盛りにします。

◉鱧とずいきの吸いもの椀

（カラー三八頁）

▼材料

鱧のおろし身　塩

赤ずいき　胡瓜

吸い地（だし汁　淡口醤油　塩）　柚子

▼作り方

①焼き目水晶鱧を作ります。鱧のおろし身は骨切りして三、四センチ幅に切り、薄く塩を振って表面に軽く焦げ目がつく位に天火であぶります。八分通り火が通ったら冷水にとって粗熱を取り、水気をきって丸く形を整えておきます。

②赤ずいきは、皮をむいて塩少量入れた熱湯で茹で、冷水にさらしてアクを抜き、三センチ長さに切ります。

③胡瓜は種の部分をくり抜き水玉胡瓜とし、熱湯でさっと茹でます。

④椀に焼き目水晶鱧、ずいき、水玉胡瓜を盛って吸い地を張り、天に車柚子を添えます。

◉水晶鱧の冬瓜すり流し椀

（カラー三八頁）

▼材料

鱧のおろし身　塩

冬瓜　吸い地（だし汁　淡口醤油　塩）

針生姜

▼作り方

①鱧のおろし身は一四五頁の鱧とずいきの吸いもの椀を参照して、焼き目水晶鱧にします。

②冬瓜のすり流し汁を作ります。冬瓜は適当な大きさに切って皮をむき、おろし金で緑色の部分を多くすりおろします。煮立たせた吸い地にすりおろした冬瓜を入れ、色をとばさないよう、さっと火を入れます。

③椀に焼き目水晶鱧を盛って冬瓜のすり流し汁を注ぎ入れ、吸い口に針生姜を添えます。

◉萩しんじょの吸いもの椀

（カラー三九頁）

▼材料

しんじょ地（鱧のおろし身　白身魚のすり身　だし汁　浮き粉　塩　みりん）

銀杏　小豆

舞茸　煮汁（だし汁　淡口醤油　塩）

吸い地（だし汁　淡口醤油　塩）　柚子

▼作り方

①しんじょ地を作ります。鱧のおろし身は皮をひいて、他のしんじょ地の材料とともにフードプロセッサーにかけ、なめらかにします。

②銀杏は殻から取り出し、熱湯で茹でて薄皮を除き、輪切りにします。小豆は水に浸けて戻し、竹皮か竹紐を入れた水に入れて火にかけ、弱火で三〇分程茹でて柔らかくします。

③しんじょ地を一人分ずつ取って銀杏と小豆を貼りつけ、蒸し器で蒸して萩しんじょにします。

④舞茸は適当な大きさに切り、だし汁と調味料を合わせてひと煮立ちさせた煮汁でさっと煮ます。

⑤椀に萩しんじょと舞茸を盛り、煮えばなの吸い地を張って天に細く切ってすすきに見立てた柚子をのせます。

◉鱧の菊花椀

（カラー四〇頁）

▼材料

菊花しんじょ（鱧のおろし身　塩　白身魚のすり身　片栗粉　菊花）

松茸　煮汁（だし汁　淡口醤油）

すぐき菜

吸い地（だし汁　淡口醤油　塩）　すだちの絞り汁

▼作り方

①菊花しんじょを作ります。鱧のおろし身は二枚で切り落とし、塩を薄く振って一〇～一五分程なじませ、片面に薄く片栗粉をまぶします。菊花を少量の酢を落とした熱湯で茹でて水気を絞り、なめらかにした白身魚のすり身に混ぜて一人分ずつを丸に取ります。しんじょ地に先の鱧を貼って菊の花の形に整え、吸い地に落として火を通します。

②松茸は石づきを削って薄く切り、松茸用の煮汁で軽く煮ます。すぐき菜は塩を少量入れた熱湯で茹でて水に取り、水気を絞ります。

③椀に吸い地に落とした菊花しんじょを盛り、手前には松茸を、天にはすぐき菜をのせ、別に味を調えた煮えばなの吸い地を張ります。吸い口

にすだちの絞り汁を数滴絞り落とします。

◉寄せ鱧の菊花あん

（カラー四〇頁）

▼材料

寄せ鱧（鱧のおろし身　白身魚のすり身　だし汁　浮き粉　卵黄　サラダ油）

菊花あん（菊花　だし汁　塩　淡口醤油　葛　）

三度豆　おろし山葵

▼作り方

①鱧のおろし身は一枚で切り落とします。

②寄せ鱧を作ります。白身魚のすり身とだし汁で溶いた浮き粉、卵黄、サラダ油を合わせ、フードプロセッサーにかけます。なめらかになったらボールに移して一人分ずつ丸にとります。一枚に落とした鱧の身をざっくりと貼りつけてまとめ、蒸し器で蒸します。

③菊花あんを作ります。菊花は酢少々を入れた熱湯で茹でて水に取り、水気をきります。だし汁を火にかけて塩、淡口醤油で味を調え、水溶きの葛を加えてとろみをつけ、茹でた菊の花を混ぜて、均等に散らします。

④椀に蒸した寄せ鱧を盛り、熱々の菊花あんをかけます。塩茹でした三度豆を散らし、おろし山葵を吸い口に添えます。

◉鱧の豊年椀

（カラー四一頁）

▼材料

鱧のおろし身　稲穂　揚げ油　小麦粉　卵白　煮汁（だし汁　淡口醤油　塩）

松茸　煮汁（だし汁　淡口醤油　塩）

三つ葉　柚子

吸い地（だし汁　淡口醤油　塩）

▼作り方

①鱧のおろし身は骨切りし、四、五センチ長さに切ります。

②稲穂を低温の油でさっと揚げ、籾殻がはぜたら米を取り出します。

③鱧に小麦粉をまぶして卵白にくぐらせ、②の米をまぶしつけます。中温の油で揚げて油をきり、熱湯で油抜きしたら煮汁でさっと煮ます。

④松茸は石づきを落として汚れを拭き、四つに切って煮汁で煮ます。

⑤椀に揚げた鱧を盛って手前に松茸を添え、茹でた三つ葉の軸と松葉柚子を天にのせ、煮えばなの吸い地を張ります。

◉鱧のすり流し

（カラー四二頁）

▼材料

鱧のおろし身　だし汁　淡口醤油　塩　葛

▼作り方

①鱧のおろし身は、頭側から尾側に向かってスプーンなどで身をそぎ取ります。これをフードプロセッサーにかけてから当たり鉢で当たり、淡口醤油と塩を加えただし汁を少しずつ加えて、すり混ぜます。

②充分にすり混ぜたら火にかけて水溶きの葛を加えます。とろっとしてきたら火からおろし、冷たく冷やします。

③青竹に鱧のすり流しを入れて竹皮で蓋をし、氷を敷いた大鉢に盛り合わせます。青竹から直接召し上がって頂きます。

◆鱧のすり流しに振り柚子をしてもよく、より爽やかな印象になります。

◉鱧つみれの冷やしスープ仕立て

（カラー四三頁）

▼材料

鱧スープ（鱧の中骨　鱧の頭　昆布　水　淡口醤油　塩　葛）

鱧つみれ（鱧の落とし　白身魚のすり身　だし汁　浮き粉　卵黄　サラダ油）　サラダ油　煮汁（だし汁　淡口醤油　みりん）

冬瓜　煮汁（だし汁　淡口醤油　塩　みりん）

ポアブルルージュ

▼作り方

①鱧スープは一一五頁の昆布と鱧のだし汁を参照して作ります。

②鱧つみれを作ります。白身魚のすり身、だし汁で溶いた浮き粉、卵黄、サラダ油をフードプロセッサーで合わせます。これを当たり鉢で当たってなめらかにし、叩いた鱧の落としを加えてざっくりと合わせます。

③鱧つみれの半量は、煮立てた鱧スープに落として火を通し、汁気をきります。残りの鱧つみれは丸に取って一七〇度の油で揚げ、熱湯をかけて油抜きをしてから煮汁で炊きます。

④鱧つみれを盛る冬瓜の器を用意します。冬瓜は横半分に切って、安定するよう底を水平に切り落とします。種の部分をくり抜いて飾り庖丁を入れ、竹串がすっと通る程度まで蒸します。

⑤浮き身の冬瓜は三センチ幅位の輪切りのものを、さらに三センチ角程度の大きさに切り、皮を薄くむきながら丸に整えます。これを熱湯で茹でて竹串がすっと通る位になったらザルにあげ、材料の煮汁で煮ます。

⑥鍋に鱧スープを煮立てて、淡口醤油、塩で味を調え、葛をひいて薄くとろみをつけます。③の鱧つみれと⑤の冬瓜、ポアブルルージュを入れて軽く煮込みます。これをよく冷やし、冬瓜の器に盛って供します。

【向付・お造り】

◉鱧の洗い

（カラー四四頁）

▼材料

鱧のおろし身

梅ドレッシング（梅肉　オリーブオイル　淡口醤油　砂糖　粉山椒）

大葉　花丸胡瓜　莫大海のゼリー寄せ　紫芽じそ

▼作り方

①鱧のおろし身は、骨切りして三度目の庖丁で切り落とします。これを氷水に落として洗い、身が引き締まったら取り出して水気をきります。

②梅ドレッシングを作ります。梅肉は種を取って裏漉しし、オリーブオイルと淡口醤油、砂糖、粉山椒を加えてよく混ぜ合わせます。

③器に氷を敷き詰め、大葉をおいて鱧の造り身を重ね盛りにします。花丸胡瓜を手前におき、莫大海のゼリー寄せ、紫芽じそを添え、梅ドレッシングを別添えにします。

◆莫大海のゼリー寄せ／莫大海を水に浸して戻し、皮がはじけたら水気をきって皮と種を除きます。パールアガーを水に溶かして一度沸騰させ、先の莫大海を加えます。気泡がでないよう注意しながら均等に混ぜ合わせ、流し缶に流して冷蔵庫で冷やし固めます。

◉鱧ちりの子まぶし

（カラー四五頁）

▼材料

鱧のおろし身　鱧の子

辛子酢味噌（卵黄　酢　みりん　塩　淡口醤油　和辛子）

大葉　紫芽じそ　岩茸

▼作り方

①鱧のおろし身は骨切りして二・五〜三センチ幅に切り、塩を少量入れた湯に落として茹で、冷水に取って水気を絞って落としにします。

②鱧の子は一二五頁を参照して下処理しておきます。

③鱧の落としに、ほぐした鱧の子をまぶし、大葉を敷いた器に重ねて盛り、紫芽じそと岩茸を前盛りにします。別器に辛子酢味噌を添えます。

◆辛子酢味噌は、材料の卵黄と他の調味料を合わせて湯せんにかけ、ねっとりするまで練って作った黄身酢に、和辛子を合わせて作ります。
◆辛子酢味噌の他に、黄身酢など濃厚なものがよく合います。

◉鱧の湯引き

(カラー四六頁)

▼材料
鱧のおろし身　万能葱　はじかみ
煎り酒（酒　みりん　梅肉　かつお節）
▼作り方
①鱧のおろし身は皮を引いて半身に切り、薄いそぎ切りの二目落としにします。これを一一一頁を参照して湯引きにします。
②鱧の皮は熱湯に落として完全に火を通します。氷水に取って粗熱を取ったら一センチ位の幅に切ります。
③万能葱は熱湯で茹でてザルにあげ、束ねて結びます。
④煎り酒を作ります。酒に少量のみりんを加えて火にかけ、梅肉とかつお節を加えて煮詰め、布漉しします。
⑤器に湯引きにした鱧の身を重ねて盛り、手前に鱧皮と茹でた万能葱、はじかみを添えます。猪口に煎り酒を用意して別に添えます。

◉鱧の焼霜造り

(カラー四七頁)

▼材料
鱧のおろし身　鱧の肝
ちり酢（橙の絞り汁　すだちの絞り汁　淡口醤油　みりん　おろし大根　あさつき）
針茗荷　山葵　莫大海　京人参
▼作り方
①鱧は骨切りして身に垂直に金串を打ち、皮目をさっとあぶって焼き目をつけ、氷水に取ります。冷めたら水気を拭き、二センチ位の幅に切って焼霜造りとします。
②鱧の肝は一二一頁を参照して下処理し、適当な大きさに切ります。
③ちり酢を作ります。橙の絞り汁とすだちの絞り汁を合わせて淡口醤油とみりんで味を調え、汁気を絞ったおろし大根と小口切りのあさつきを混ぜ合わせます。
④器に鱧の焼霜造りを盛り、鱧の肝、針茗荷、莫大海、おろし山葵、折れ松葉人参を添え、ちり酢を別猪口に用意して供します。
◆ちり酢に使う柑橘類は、ここでは橙二に対してすだち一の割合で合わせています。

◉水玉鱧

(カラー四八頁)

▼材料
鱧のおろし身　塩　だし汁　浮き粉
二杯酢（酢　だし汁　淡口醤油）
胡瓜のけん　菊花　山葵
▼作り方
①水玉鱧を作ります。鱧は一・五キロ位の大きさのものを用意しておろし身にし、庖丁の背で頭から尾に向かって身をそぎ取ります。この身を当たり鉢に取り、塩を少量加えて当たります。なめらかになったらだし汁を入れてすりのばし、だし汁で溶いた浮き粉を加えます。食べよい大きさの丸に整え、塩を入れた熱湯で茹で、冷水に取って水気を拭きます。
②二杯酢の材料を合わせてひと煮立ちさせ、冷ましておきます。
③氷を敷いた器に水玉鱧を盛り、胡瓜のけん、酢少量を落とした熱湯で茹でて水気を絞った菊花、おろし山葵を添えます。別器で二杯酢を添えて供し、山葵を溶かして召し上がって頂きます。
◆ここでは二杯酢を添えましたが、三杯酢でも結構です。

◉鱧と奈良漬けの和えもの （カラー四九頁）

▼材料

鱧のおろし身　土佐醤油（濃口醤油　だし汁　みりん　酒　かつお節）

奈良漬け　つる紫

▼作り方

①鱧のおろし身は皮を引いて、ごく薄いそぎ切りにします。奈良漬けは水で洗って程よく味を抜き、水気を拭き取ってから細く切ります。

②そぎ切りにした鱧と奈良漬けをざっくりと和えて器に盛り、熱湯で茹でて色出ししたつる紫を添えます。別添えの土佐醤油とともに供します。

◆土佐醤油は材料をひと煮立ちさせ、布漉ししたものです。

◉鱧の油通し （カラー四九頁）

▼材料

鱧のおろし身　揚げ油　銀杏

花穂じそ　揚げ衣（片栗粉　水）

美味だし（だし汁　濃口醤油　みりん　酒　砂糖　かつお節）

おろし大根　おろし生姜　青葱

▼作り方

①鱧のおろし身は骨切りしてから三、四センチ幅に切って金串を打ち、二〇〇度位に熱した揚げ油を皮目に二度程かけて油通しします。

②銀杏は殻を割って取り出し、低温の油で揚げながら薄皮をむきます。花穂じそは片栗粉を水で溶いた揚げ衣にくぐらせて揚げます。

③器に油通しした鱧を重ねて盛り、小口に切った青葱、おろした大根と生姜を天盛りにします。器の縁から美味だしを注ぎ入れ、揚げた銀杏を半分に切って散らし、衣揚げの花穂じそを添えます。

◆美味だしは、かつお節以外の材料を火にかけてひと煮立ちさせ、追いがつおをしてから布漉ししたものです。

【焼きもの】

◉鱧の八幡巻き （カラー五〇頁）

▼材料

鱧のおろし身

新牛蒡　八方地（だし汁　淡口醤油　みりん　砂糖）

焼きだれ（濃口醤油　みりん　酒　水）

新さつま芋の梅尾煮（新さつま芋　くちなしの実　水　砂糖　みりん）

▼作り方

①鱧のおろし身は骨切りしたものを用意します。

②新牛蒡は管牛蒡にし（一三六頁ぼたん鱧参照）、八方地で煮含めます。

③①の鱧を皮目を上にして横長におき、管牛蒡四本を身の中心に横に並べて手前側から巻き込みます。この鱧に金串を末広に打ち、火入れした焼きだれを二、三度かけながら焼き上げます。

④新もののさつま芋で梅尾煮を作ります。さつま芋は皮をむき、適当な大きさに切って面取りし、ひたひた量の水とくちなしの実で下茹でします。水が透明になるまで鍋ごとさらします。別鍋に先のさつま芋を移してひたひた量の水を再び注ぎ、砂糖とみりんを加えて含め煮にします。

⑤鱧の八幡巻きを食べよい大きさに切って器に盛り、新さつま芋の梅尾煮を添えます。

◉鱧の遠山焼き （カラー五一頁）

▼材料

鱧のおろし身　塩

遠山衣（ほうれん草　木の芽　卵白　塩）
生湯葉　くいだし汁（だし汁　淡口醤油　みりん　旨味調味料）
▼作り方
①鱧のおろし身は骨切りし、四、五センチ幅に切って薄塩を振ります。
②遠山衣を作ります。ほうれん草は塩少々を加えた熱湯で茹でてきつく絞り、細かく叩いてから当たり鉢で当たります。ここに叩いた木の芽と塩を加えてさらに当たり、メレンゲ状に泡立てた卵白と合わせます。
③鱧の身に金串を打って白焼きにし、七、八分通り火が通ったら遠山衣を鱧の身にたっぷりとぬってさらに焼きます。
④焼き上がったら金串を抜いて器に盛り、材料のだし汁と調味料を合わせたくいだし汁に浸しておいた生湯葉を添えます。
◆遠山衣は合わせる卵白の量の加減が難しく、多すぎると白っぽくなってしまいます。色合いとまとまり具合を見ながら加えるようにします。

◉鱧の雲丹焼き

（カラー五一頁）

▼材料
鱧のおろし身　生雲丹　塩　三つ葉　やまももの焼酎漬け
▼作り方
①鱧は骨切りして四、五センチ幅に切り、薄塩をして白焼きにします。七、八分通り火が通ったら生雲丹をのせ、薄く塩を振って焼き上げます。
②鱧の雲丹焼きを器に盛り、二センチ長さに切った塩茹での軸三つ葉を散らし、焼酎漬けのやまもも（一七〇頁祭り弁当参照）を前に盛ります。

◉鱧の田楽

（カラー五二頁）

▼材料
鱧のおろし身　紫頭巾（黒枝豆）
田楽味噌（白味噌　砂糖　みりん　卵黄）
プルーンの赤ワイン煮（乾燥プルーン　赤ワイン　砂糖　肉桂）
▼作り方
①紫頭巾は莢から取り出し、塩を加えた熱湯で色よく茹でます。茹で上がったら薄皮を取り、フードプロセッサーにかけてペースト状にします。
②田楽味噌を作ります。鍋に白味噌と砂糖を入れてよく混ぜ、みりん、卵黄を加えて溶きのばします。弱火にかけて木杓子で練り、ねっとりとしてきたら火をとめて紫頭巾のペーストを混ぜ合わせます。
③鱧のおろし身は骨切りし、金串を打って白焼きにします。焼き上がったら金串を抜いて三×四センチ幅位の大きさに切り、田楽味噌をたっぷりとぬったら表面をあぶって仕上げます。
④器に鱧の田楽を一人分二切れずつ盛り、プルーンの赤ワイン煮を添えます。
◆プルーンの赤ワイン煮／乾燥プルーンを水によくさらして油分を抜いて水気をきります。鍋にプルーンとプルーンが隠れる位の量の赤ワイン、砂糖適宜を加えて火にかけます。煮上がりの八分程度の状態になったら肉桂を加え、さらに柔らかくなるまで煮込みます。

◉鱧の一夜干し

（カラー五二頁）

▼材料
鱧のおろし身　塩　胡瓜　土佐酢（酢　だし汁　淡口醤油　みりん　砂糖　塩　かつお節）
花穂じそ
▼作り方
①鱧のおろし身は骨切りして半分に切り、皮と身の間に尾側から頭側に向かって金串を打ち、薄塩を振ります。これをバットに並べて風通しのよいところに一晩おいて風干しにします。

②胡瓜はおろし金でおろして水で洗い、水気を絞ります。土佐酢（一四二頁鱧のカピタン漬け参照）にすりおろした胡瓜を加えて混ぜます。
③風干しした鱧を白焼きにして三、四センチ幅に切り、器に重ねて盛ります。胡瓜を混ぜた土佐酢をかけ、花穂じその花を天に飾ります。

◉鱧の変わり八幡巻き

（カラー五三頁）

▼材料
鱧のおろし身
海老芋　米のとぎ汁　煮汁（だし汁　淡口醤油　みりん）
焼きだれ（濃口醤油　みりん　酒）
菊菜　坂本菊　八方地（だし汁　淡口醤油　みりん　砂糖）
粉山椒　はじかみ

▼作り方
①鱧のおろし身は骨切りして、適度な大きさに切っておきます。
②海老芋は皮を厚めにむいて筒状に切り整え、酢を少量入れた米のとぎ汁で柔らかくなるまで茹でます。茹で汁を捨てて水にさらして匂いを抜いてから、煮汁の材料を合わせた鍋に入れて煮含めます。
③鱧の身側を上にしておき、煮含めた海老芋をのせて巻き込みます。これに串を打って焼き、軽く焼き色がついたら焼きだれを表面にぬってさらに焼きます。全体に火が入るよう途中何度か回しながら、たれをぬっては焼くという工程を繰り返して焼き上げます。
④菊菜と坂本菊のお浸しを作ります。菊菜は塩茹でして水に取り、水気を絞って適当な長さに切ります。菊花は酢を少量入れた熱湯で茹でて水に取り、水気を絞ります。これらを合わせて八方地に浸します。
⑤鱧の変わり八幡巻きを三センチ位の厚さに切りわけて器に盛り、天に粉山椒を振ります。汁気を絞った菊菜と坂本菊のお浸しを添え、はじかみをあしらいます。

◉鱧の朴葉味噌焼き

（カラー五四頁）

▼材料
鱧のおろし身　帆立の貝柱　車海老　青葱
玉味噌（白味噌　砂糖　酒　みりん　卵黄）

▼作り方
①鱧のおろし身は骨切りして三、四センチ長さに切り、バーナーで表面に軽く焦げ目をつけます。
②帆立の貝柱も鱧と同様、バーナーであぶって軽く焦げ目をつけます。車海老は背ワタを取って塩茹でし、頭と尾を切り落として殻をむきます。
③玉味噌を作ります。鍋に白味噌と砂糖を入れてよくすり混ぜ、酒、みりんを加えて溶きのばし、卵黄を加えて湯せんにかけます。木杓子でとろりとした状態になるまでよく練ります。
④朴葉の上に玉味噌をたっぷりと敷き、鱧、帆立の貝柱、車海老を並べ、小口に切って水にさらした青葱を天にのせます。これを焼き網の上にのせ、客席で火にかけながら熱々のところを召し上がって頂きます。
◆玉味噌は冷蔵庫で保存すると一か月程日持ちがしますので、店では三、四キロまとめて作ります。ただし、卵に充分に火を入れないと痛みやすくなりますから、ゆっくりと時間をかけて練ることが大切です。

◉鱧の味噌幽庵焼き

（カラー五五頁）

▼材料
鱧のおろし身
味噌幽庵地（西京味噌　みりん　酒　濃口醤油　柚子）
松茸　すだち
筋子すだち射込み（筋子　酒　濃口醤油　みりん）　すだち
焼き目甘栗（栗　くちなしの実　水　砂糖）

いちょう長芋のろう焼き（長芋　卵黄　塩）
大枝柿胡麻和え（大枝柿　塩　白胡麻ペースト　土佐酢　淡口醤油　砂糖）
松葉銀杏　酢取り茗荷

▼作り方

①鱧のおろし身を、西京味噌と調味料を合わせて薄味に調え、輪切りの柚子を加えた味噌幽庵地に一昼夜半ほど漬け込みます。

②焼く直前に鱧を味噌幽庵地から取り出して骨切りし、金串を打って強火の遠火で焼きます。熱いうちに金串を抜いて、二×四センチ程度の大きさに切りわけます。

③松茸は薄切りにし、素焼きにします。

④杉板の上に味噌幽庵焼きにした鱧をおき、輪切りのすだちと素焼きにした松茸を重ね、杉板をかぶせて、竹皮を紐状にしたもので結びます。

◆筋子すだち射込み／筋子はぬるま湯を張ったボールに入れ、薄皮を破って卵をほぐします。これをザルにあげ、熱湯をさっとかけてすぐに冷水に取ります。水気を十分にきってから酒と濃口醤油、みりんを合わせた漬け汁に一時間程漬け込み、すだち釜の中に詰めます。

◆焼き目甘栗／栗は渋皮まで丁寧にむいて水にさらし、くちなしの実を入れた熱湯で柔らかくなるまで茹でます。これを水にさらして、くちなしの余分な色を除きます。この栗を別鍋に入れて水を注ぎ、砂糖を加えて煮含めます。この栗の表面をバーナーであぶり、焼き目をつけます。

◆いちょう長芋のろう焼き／長芋を適当な大きさに切り、皮をむいていちょう形に抜きます。これを二ミリ程度の厚さに切り、振り塩をして両面を焼いてから、卵黄をぬってはあぶるという工程を二、三度繰り返して仕上げます。

◆大枝柿胡麻和え／柿は厚めの桂むきにしてからせん切りにし、塩を振ってしばらくおきます。しんなりとしたら水気を絞り、白胡麻ペーストと土佐酢、淡口醤油、砂糖を合わせた和え衣で和えます。

▼盛りつけ

①塩と卵白をよく混ぜて宝楽鍋に敷き詰め、オーブンに入れて焦がさないように焼きます。

②塩が固まったらオーブンから取り出し、松葉と柿照葉を塩の上に敷き、鱧の味噌幽庵焼きと筋子すだち射込み、焼き目甘栗、いちょう長芋のろう焼き、大枝柿胡麻和え、松葉銀杏、酢取り茗荷を彩りよく盛り込みます。杉板に火をつけ、香りをいぶしてお出しします。

◉石焼き鱧

（カラー五六頁）

▼材料

鱧のおろし身　酒盗
土佐酢（酢　だし汁　淡口醤油　みりん　砂糖　塩　かつお節）
染めおろし　青葱　すだち

▼作り方

①鱧のおろし身は骨切りして二センチ弱の幅に切り、供する直前に酒盗でさっと和えておきます。

②器に焼き塩をのせて松葉を重ね、熱々に焼いた石焼き用の石をおきます。これを卓上に運び、酒盗和えの鱧を焼きながら食べて頂きます。土佐酢（一四二頁鱧のカピタン漬け参照）を別添えにし、薬味に染めおろしと小口に切った青葱、すだちを添えて好みの味で食べて頂きます。

◉鱧の柚香西京焼き

（カラー五七頁）

▼材料

鱧のおろし身
柚香味噌床（西京味噌　みりん　酒　砂糖　柚子）
酢取り茗荷（茗荷　塩　米酢　砂糖）

菊花蕪（蕪　塩　米酢　砂糖　鷹の爪）
松葉銀杏（銀杏　塩）

▼作り方

①鱧のおろし身は骨切りしたものとしていないものを用意してガーゼに包みます。西京味噌に砂糖をすり混ぜてみりんと酒で溶きのばし、柚子の皮をおろしたものを加えて柚香味噌床を作り、先のガーゼに包んだ鱧を漬け込みます。骨切りしたものは一晩、していないものは一昼夜半程漬けておきます。

②骨切りしていない鱧のおろし身は、焼く直前に柚香味噌床から取り出して骨切りし、金串を打って皮目から遠火の強火で焼きます。焼き上がったら金串を抜き、四センチ位の幅に切ります。骨切りしたものにも金串を末広に打って同様に遠火の強火で焼き上げ、金串を抜いて二センチ幅位に切ります。

③焼き上がった鱧を器に重ねて盛り、酢取り茗荷と菊花蕪、松葉銀杏をあしらいます。

◆酢取り茗荷／茗荷を酢少々を入れた熱湯に通してザルにあげ、熱いうちに塩を振ります。冷めたら米酢と砂糖を合わせた甘酢に漬け込みます。

◆菊花蕪／蕪の形を整え、底部を残して格子状に細かく庖丁を入れ、塩を振ります。しんなりとしたら水気を絞り、甘酢に漬け、中心に小口に切った鷹の爪を飾ります。

◆松葉銀杏／鬼殻から銀杏を取り出し、低温の油に入れ、転がしながら薄皮を除きます。翡翠色に揚がったら、塩を振って松の葉に刺します。

◉鱧の柚釜焼き

（カラー五七頁）

▼材料

鱧のおろし身　車海老　本しめじ　三度豆　百合根
玉味噌（白味噌　卵黄　みりん　酒　砂糖）　柚子

▼作り方

①鱧のおろし身は骨切りして三、四センチ幅に切り、塩を加えた熱湯に落とします。身が開いたら氷水に取って水気を絞り、落としにします。

②車海老は背ワタを取って塩茹でし、頭と尾を切り取って殻をむきます。

③しめじ、三度豆、百合根はそれぞれ下茹でしておきます。

④柚子をくり抜いて作った柚釜に鱧、車海老、本しめじ、三度豆、百合根を彩りよく盛り、白味噌と卵黄をよく混ぜて、みりん、酒、砂糖で味を調えた玉味噌を加えます。これを一六〇度に熱したオーブンで、約一〇分焼いて取り出します。

◉鱧のソテー　白胡麻ソース

（カラー五八頁）

▼材料

鱧のおろし身　小麦粉　グレープシードオイル
白胡麻ソース（白胡麻　砂糖　白味噌　バター　だし汁）
グリーンアスパラガス　赤ピーマン

▼作り方

①鱧のおろし身は骨切りして背のところで縦半分に切り、さらに食べよい大きさに切って身の両面に薄く小麦粉をまぶします。フライパンにグレープシードオイルを熱し、先の鱧を身側から焼き、軽く焼き色がついたら裏返して火を通します。

②白胡麻ソースを作ります。白胡麻を香りが出るまで煎ってから、当たり鉢でなめらかなペースト状になるまで当たります。ねっとりしてきたら砂糖、白味噌を入れてすり混ぜ、溶かしバターと、加減しながらだし汁を加えます。

③器にソテーした鱧を盛り、白胡麻ソースをこんもりとのせ、塩茹でのグリーンアスパラガスと赤ピーマンを添えます。

◆白胡麻ソースにバターを加えることでソースにコクが加わります。

【炊き合わせ】

◉冬瓜の鱧そぼろあんかけ

（カラー五九頁）

▼材料

鱧そぼろあん（鱧の落とし　だし汁　淡口醤油　塩　葛）

冬瓜　煮汁（だし汁　淡口醤油　みりん　塩　砂糖　昆布）

針生姜

▼作り方

①冬瓜は角に切って皮を薄くむき、わたを除いて熱湯で茹で、ザルにあげます。煮汁を合わせて火にかけ、下茹でした冬瓜を弱火で煮含めます。

②鱧そぼろあんを作ります。鱧は落としにしたものを用意して（一一〇頁参照）細かく叩きます。鍋にだし汁と調味料を合わせて火にかけ、水溶きの葛でとろみをつけたら、叩いた鱧を加えて火を通します。

③器に冬瓜を盛り、鱧そぼろあんをかけて針生姜を天に盛ります。

◆冬瓜を柔らかく煮含めるのは案外難しいものです。柔らかく炊こうと火を入れすぎると、冬瓜の緑色がとびますし、火の入れ方が甘ければ固く仕上がります。頃合に煮含めるのがポイントです。

◉鱧の冬瓜饅頭　大葉蕁菜あんかけ

（カラー六〇頁）

▼材料

鱧の落とし　煮汁（だし汁　淡口醤油　みりん　酒　砂糖）

冬瓜　煮汁（だし汁　淡口醤油　みりん　塩）

大葉蕁菜あん（大葉蕁菜　だし汁　淡口醤油　酒　塩　葛）

柚子

▼作り方

①鱧は落としにしたものを用意し、鱧の落とし用の煮汁で煮含めます。

②冬瓜は皮を厚めにむき、表面に五ミリ間隔で切り目を入れて茹でます。柔らかくなったら冬瓜用の煮汁で色がとばないように煮含めます。

③冬瓜饅頭を作ります。ガーゼに冬瓜の皮側を下にしておき、中心に鱧をのせて包み込むようにガーゼごと冬瓜を丸く整え、口を絞ります。

④大葉蕁菜あんを作ります。大葉蕁菜は熱湯に入れて湯通しします。鍋にだし汁と淡口醤油、酒、塩を入れて火にかけ、葛を加えて薄くとろみをつけたら湯通しした大葉蕁菜を入れて混ぜ合わせます。

⑤器に冬瓜饅頭を入れて蒸し器で五分程蒸したのち、大葉蕁菜あんを張り、針柚子を天に添えて供します。

◉鱧の養老巻き

（カラー六〇頁）

▼材料

鱧のおろし身　焼きだれ（濃口醤油　酒　水）

かんぴょう　塩　煮汁（だし汁　淡口醤油　みりん）

木の芽

▼作り方

①鱧のおろし身は骨切りし、白焼きにしてから焼きだれをかけてつけ焼きにし、拍子木切りにします。

②かんぴょうは塩でよくもんでから水洗いします。柔らかくなるまで茹でたらザルにあげ、水気をきります。

③茹でたかんぴょうの端に鱧を並べて芯にし、きっちりと巻き込んでいきます。巻き終わりを竹の皮でしばり、ほどけないようにします。

④かんぴょうで巻いた鱧をだし汁の中に入れ、弱火で三、四時間かけてじっくり煮ます。竹串がすっと入る位になったら淡口醤油、みりんで味を調え、さらに弱火で柔らかくなるまで煮含めます。

⑤鱧の養老巻きを一センチ厚さに切り、器に重ねて盛って煮汁を張り、木の芽を添えます。

◉鱧と汲み上げ湯葉の玉〆（カラー六一頁）

▼材料
鱧のおろし身　汲み上げ湯葉　三つ葉
煮汁（だし汁　淡口醤油　砂糖　みりん　酒）
卵　柚子

▼作り方
①鱧のおろし身は骨切りして三センチ幅位に切ります。湯葉は鱧の大きさに合わせて切り揃え、三つ葉は軸部分を三センチ長さに切ります。
②鍋に煮汁の材料を入れて火にかけ、煮立ったら鱧を入れます。再び煮立ったところへ湯葉と軸三つ葉を入れ、煮上がりの直前に溶きほぐした卵を流し入れます。卵が半熟状になったら火をとめます。
③鱧と汲み上げ湯葉の玉〆を器に盛り、針柚子を天にのせます。

◉鱧の飛龍頭　蟹あんかけ（カラー六二頁）

▼材料
鱧の落とし　百合根　銀杏　飛龍頭の地（木綿豆腐　大和芋　卵）　揚げ油
煮汁（だし汁　淡口醤油　みりん）
蟹あん（蟹のほぐし身　しめじ　ほうれん草　だし汁　塩　淡口醤油　葛）　山葵

▼作り方
①鱧は落としにします。百合根は掃除して一片ずつにはがし、固めに茹でます。銀杏は鬼殻から取り出し、茹でながら薄皮を取り除きます。
②飛龍頭の地を作ります。木綿豆腐はさらし布巾に包み、二時間程重石をして水きりします。この木綿豆腐を毛漉しで裏漉して、すりおろした大和芋とともに当たり鉢で当たり、さらに卵を加えてよく当たります。
③飛龍頭の地に鱧の落としと百合根、銀杏をおき、スプーンで包みこむようにして地を丸く取り、一七〇度の揚げ油で色がうっすらとつく程度に揚げます。熱湯をまわしかけて油抜きし、煮汁で煮含めます。
④蟹あんを作ります。蟹はほぐし身を用意します。しめじは石づきを取って下茹でします。塩茹でして水気を絞ったほうれん草は、茎を八ミリ程度に切り揃えます。淡口醤油と塩で味を調えただし汁を煮立たせ、先の蟹としめじ、ほうれん草を加えて水溶きの葛でとろみをつけます。
⑤器に揚げたての鱧の飛龍頭をおいて熱々の蟹あんをたっぷりとかけ、おろし山葵を天盛りにします。

◉鱧の揚げ煮（カラー六三頁）

▼材料
鱧のおろし身　小麦粉　揚げ油　煮汁（だし汁　淡口醤油　みりん　酒）
里芋　米のとぎ汁　白煮汁（だし汁　淡口醤油　塩　みりん）
ほうれん草　柚子

▼作り方
①鱧の揚げ煮を作ります。鱧のおろし身は骨切りしたのち三、四センチ幅に切り、小麦粉を全体に薄くつけます。このとき、骨切りした身と身の間にも丁寧にまぶすようにします。これを一七〇度位に熱した揚げ油で揚げ、煮立たせた煮汁でさっと煮ます。
②里芋の白煮を作ります。里芋は水洗いして泥を落とし、天地を切って皮を六面にむきます。米のとぎ汁をひたひたに注いで九分通り茹でたら、茹でこぼして鍋ごと水にさらします。米のとぎ汁の匂いがなくなったら、白煮汁の材料を合わせた鍋に入れ、ゆっくりと煮含めます。
③ほうれん草は塩少々を入れた熱湯で茹でて水に取り、アクを抜いて水気を絞ります。食べよく切って、鱧を煮た煮汁に浸しておきます。
④器に鱧の揚げ煮と里芋の白煮を置き、ほうれん草を前盛りにします。

ほうれん草の浸し汁を器の縁から注ぎ、針柚子を天に添えます。

◉鱧の印篭煮　水晶茄子添え

（カラー一六四頁）

▼材料

鱧　煮汁（酒　濃口醤油　たまり醤油　みりん　砂糖）

小茄子　揚げ油　煮汁（だし汁　淡口醤油　みりん　塩）

針生姜

▼作り方

①鱧は水洗いして皮のぬめりを丁寧に除き、水気を拭いて背ビレを引きます。頭を落として筒状のまま身の片側を皮目から骨切りし、三、四センチ幅位まですすんだら裏返し、同じ幅まで骨切りして切り落とします。この工程を繰り返したら腹ワタを菜箸で押し出して除き、水で洗います。

②①の鱧に金串を打って白焼きにします。この鱧を蒸し器で一〇分程蒸し、身が柔らかくなったら取り出して熱いうちに中骨を引き抜きます。

③鍋に中骨を抜いた鱧を並べて煮汁の材料を加え、甘露煮の要領で弱火で煮詰めて鱧の印篭煮を仕上げます。

④水晶茄子を作ります。小茄子はへたの部分を切って素揚げにし、冷水に落として皮をむきます。煮汁の材料を煮立たせ、小茄子を煮含めます。

⑤器に鱧の印篭煮と水晶茄子を盛り、針生姜を添えます。

◆鱧を印篭煮にする場合は、煮る工程の前に白焼きにして蒸すという丁寧な仕事が必要です。はじめに白焼きにすることで身をかためて煮くずれするのを防ぎ、蒸すことで中骨が引き抜きやすくなります。

◉賀茂茄子と鱧の小倉煮

（カラー一六五頁）

▼材料

鱧のおろし身　焼きだれ（濃口醤油　酒　水）

賀茂茄子　美味だし（だし汁　濃口醤油　みりん　酒　砂糖　かつお節）

水無月あん（茹で小豆　だし汁　淡口醤油　みりん　酒　塩　葛）

青葱

▼作り方

①鱧のおろし身は骨切りし、焼きだれをかけながら焼いてつけ焼きにし（一一三頁参照）、二センチ幅に切ります。

②賀茂茄子は二、三センチ厚さに切って素揚げにし、美味だしの材料を煮立たせた中に入れて、煮含めます。

③水無月あんを作ります。小豆は茹でたものを用意し、材料のだし汁と他の調味料を煮立たせたところに入れ、葛で薄くとろみをつけます。

④器に煮含めた賀茂茄子をおいてつけ焼きにした鱧をのせ、水無月あんをかけます。小口に切って水にさらした青葱を天に添えます。

◆水無月あんの小豆には、丹波大納言を使っています。

◉小蕪の風呂吹き　鱧味噌敷き

（カラー一六五頁）

▼材料

鱧味噌（鱧の身　赤味噌　砂糖　みりん　酒　卵黄　鱧の茹で汁）

小蕪　フォアグラ（缶詰）　煮汁（だし汁　淡口醤油　みりん）

京人参

▼作り方

①鱧味噌を作ります。鱧の身はスプーンなどで中骨が入らないようこそげ取り、細かく叩いて熱湯で茹でます。この茹で汁は鱧味噌の固さを調節するために取っておきます。鍋で赤味噌、砂糖、みりん、酒、卵黄を合わせて弱火にかけ、ゆっくりと練ります。とろっとした加減に先の鱧の茹で汁で固さを調節し、細かく叩いた鱧の身を加えて火をとめます。

②小蕪は成り口から三対七の部分で切ります。成り口部分は飾り用に茎を一、二センチ程残して切り揃えます。下の部分は皮を六面にむいて形

を整え、中心をくり抜きます。このくり抜いた身も盛りつけに用います。
③煮汁をひと煮立ちさせたところに小蕪を入れて柔らかく煮含めます。くり抜いた部分にフォアグラを詰め、蒸気の上がった蒸し器で蒸し、フォアグラが溶けない程度に軽く温めます。
④飾り用の小蕪の成り口部分とくり抜いた身、丸く形を整えた京人参を煮汁をひと煮立ちさせたところに入れて弱火で炊き、味を含めます。
⑤器に鱧味噌をたっぷりと敷いて小蕪の風呂吹きをおき、飾り用の小蕪の成り口とくり抜いた身、京人参を盛り添えます。
◆ここでは、鱧のおろし身を小骨が入らないようにスプーンなどでこそげ取って使いましたが、尾の方を切り落としたもの、皮をひいたときに残った身、中骨についた身をこそげ取ったものなども利用できます。また、落としに仕立てておいた鱧を細かく切って利用しても構いません。

【強肴】

◉鱧の昆布〆 (カラー六六頁)

▼材料
鱧のおろし身　昆布　酒
坂本菊　生雲丹
土佐酢（酢　だし汁　淡口醤油　みりん　塩　砂糖　かつお節）
おくら
▼作り方
①鱧のおろし身は一一一頁を参照して薄造りにします。
②昆布は表面の汚れを拭いて酒に漬け、柔らかくなったら縦におき、鱧の薄造りを重ならないように並べます。手前から昆布とともに鱧の身を巻き込み、全体をラップで包んで二、三時間冷蔵庫に入れます。
③菊花は花びらを摘み取り、酢少々を入れた熱湯で色よく茹でて水に取り、水気を絞ります。
④昆布〆にした鱧を一切れずつ広げ、生雲丹と茹でた菊花をのせて巻き込みます。これを器に盛り、土佐酢（一四二頁鱧のカピタン漬け参照）を縁から注ぎ入れ、叩いたおくらを天にのせます。

◉鱧の落とし　土佐酢ゼリーかけ (カラー六七頁)

▼材料
鱧のおろし身　鮑　大根　塩　車海老　温泉卵　グリーンアスパラガス
土佐酢（酢　だし汁　淡口醤油　みりん　塩　砂糖　かつお節）
ゼラチン
▼作り方
①鱧のおろし身は骨切りして四センチ幅に切ります。一切れずつ熱湯に落として茹で、氷水に取って冷まして水気を絞り、落としにします。
②蒸し鮑を作ります。鮑は塩でもんで洗ったら輪切りの大根をのせて薄く塩を振り、強火で蒸します。蒸し上がったら食べよく切ります。
③車海老は背ワタを取って塩茹でし、頭と尾を落として殻をむきます。
④土佐酢ゼリーを作ります。一四二頁の鱧のカピタン漬けを参照して土佐酢を作り、水でふやかしたゼラチンを煮溶かして、とろみがつく位の固さに仕上げます。
⑤器に鱧の落とし、蒸し鮑、車海老、温泉卵の黄身、塩茹でにしたグリーンアスパラガスの穂の部分を盛り、冷やした土佐酢ゼリーをかけます。
◆温泉卵は卵を六五度の温度で一五分程茹でて作ったものです。

◉鱧とマスカットの和えもの (カラー六八頁)

▼材料
鱧のおろし身　マスカット　おろし大根　三杯酢（酢　淡口醤油　みり

ん　塩　砂糖　水　昆布）　ミントの葉

▼作り方

①鱧のおろし身は皮を引いたものを用意し、熱湯で茹でてザルにあげ、中骨が入らないよう注意して身を細かくほぐします。マスカットは皮をむいて、種を取り除きます。

②和え衣を作ります。三杯酢の材料を合わせてひと煮立ちさせてから冷まし、叩いた落としの鱧と汁気を絞ったおろし大根を混ぜます。

③和え衣でマスカットを和えて器に盛り、ミントの葉を天にのせます。

◉鱧の酒盗和え

（カラー六八頁）

▼材料

鱧のおろし身　酒盗　干しこのこ　三つ葉

▼作り方

①鱧のおろし身は二枚で落として酒盗で和え、蓋つきの容器に入れて冷蔵庫で一晩寝かせます。

②鱧の酒盗和えを器に盛り、せん切りにした干しこのこと、塩茹でして三センチ長さに切った軸三つ葉を天にのせます。

◉無花果の鱧味噌田楽

（カラー六九頁）

▼材料

鱧味噌（鱧の落とし　白味噌　砂糖　みりん　卵黄）　鱧の茹で汁

無花果　煮汁（だし汁　砂糖　塩　淡口醤油）

紀州の梅干し

▼作り方

①鱧味噌を作ります。鱧は落としにして当たり鉢でよくすりつぶします。一五二頁の鱧の朴葉味噌焼きを参照に玉味噌を作り、鱧を落としにしたときの茹で汁を加えて固さを調節します。この中に先の叩いた鱧を入れて合わせます。

②無花果は皮をむいて二、三つに切りわけ、材料の煮汁で煮含めます。

③水気をきった無花果の上に鱧味噌をたっぷりとぬり、オーブンで焼き目をつけて仕上げます。酸味と甘味が程よい紀州の梅干しを添えます。

◉燻し鱧

（カラー六九頁）

▼材料

鱧のおろし身　塩　鱧の肝

桜のチップ　ざらめ糖

▼作り方

①鱧は一五一頁の鱧の一夜干しを参照して風干しします。

②鱧の肝は一二一頁を参照して下処理をします。

③鱧と鱧の肝の温燻を作ります。中華鍋などに桜のチップとざらめ糖を敷いて焼き網をのせ、ここへ一夜干しにした鱧の身と茹でた肝をのせます。アルミ箔をかぶせて三〇分程燻します。

④鱧の温燻を食べよく切って、鱧の肝の温燻とともに器に盛ります。

【あつもの】

◉鱧の信州蒸し

（カラー七〇頁）

▼材料

鱧のおろし身　塩　茶そば　焼き海苔　薄焼き玉子

そばつゆ（だし汁　濃口醤油　淡口醤油　みりん）

紅葉おろし　青葱

▼作り方

①鱧のおろし身は骨切りし、皮目に塩を振ります。茶そばは固めに茹でて水に取り、水気をきっておきます。
②ラップを広げ、骨切りした鱧の皮目を上にしておきます。その上に鱧の大きさに揃えて切った焼き海苔と薄焼き玉子を重ね、中心に束ねた茶そばをおきます。ラップごと茶そばを芯にして巻き込み、巻き簀でさらに巻き込んで形を落ち着かせます。
③茶そばを巻いた鱧を蒸気の上がった蒸し器に入れ、強火で火が通るまで蒸します。蒸し上がったら巻き簀とラップをはずし、四センチ幅位に切りわけて器に盛ります。紅葉おろしと小口に切って水にさらした青葱を天にのせ、熱々のそばつゆを縁から回し入れます。

◉鱧の蓮根蒸し

（カラー七一頁）

▼材料
鱧のおろし身　塩
蓮根　浮き粉　だし汁　塩
木の芽あん（木の芽　だし汁　塩　淡口醤油　葛）
木の芽

▼作り方
①鱧のおろし身は骨切りして薄く塩を振り、四センチ位の幅に切ります。
②蓮根はおろし金ですりおろし、だし汁で溶いた浮き粉を少量混ぜ、塩で味を調えます。
③すりおろした蓮根を俵形に整え、皮目を下にして鱧の身をかぶせ、蒸し器で約二〇分程蒸します。
④木の芽あんを作ります。だし汁と調味料を合わせて火にかけ、葛でとろみをつけたところへ、細かく叩いた木の芽を混ぜ合わせます。
⑤鱧の蓮根蒸しが蒸し上がったら熱々の木の芽あんをたっぷりとかけ、木の芽を天に添えます。

◉焼き鱧の白蒸し

（カラー七一頁）

▼材料
鱧のおろし身　焼きだれ（濃口醤油　酒　水）
白蒸し（もち米　塩　水）
銀あん（だし汁　淡口醤油　みりん　酒　塩　葛）
芽葱

▼作り方
①鱧のおろし身は骨切りし、つけ焼きにして食べよくそぎ切りにします。
②白蒸しを作ります。もち米をといで一晩水に浸けます。ぬれ布巾を敷いた蒸し器に中心をくぼませて入れ、四〇分程強火で蒸しますが、蒸し上がる七分程前に薄めの食塩水を軽く振って蒸し上げます。
③銀あんを作ります。鍋にだし汁と他の調味料を入れて火にかけ、煮立ったら葛をひいて薄くとろみをつけます。
④器に軽く白蒸しを盛り、つけ焼きにした鱧をのせて蓋をし、五分程蒸して温めます。熱々の銀あんを張り、芽葱を天にのせてお出しします。
◆季節を問わず供することができます。天にのせた葱は白髪葱などでも構いませんが、この料理には何かしら葱を添えて下さい。

◉鱧の栗蒸し

（カラー七二頁）

▼材料
鱧のおろし身　栗　道明寺粉
銀あん（だし汁　淡口醤油　塩　葛）
京人参　山葵

▼作り方
①鱧のおろし身は骨切りして白焼き（一一三頁参照）にします。
②栗は渋皮までむいておろし金ですりおろし、水で戻して柔らかく蒸し

た道明寺粉を、栗五に対して一の割合で混ぜ合わせます。
③器に白焼きにした鱧をおき、道明寺粉と合わせた栗をのせ、蒸気の上がった蒸し器に器ごと入れます。強火で栗に火が通る程度まで蒸します。
④だし汁と淡口醤油、塩を合わせて火にかけ、水で溶いた葛でとろみをつけて銀あんを作り、蒸し上がった鱧の栗蒸しにたっぷりと注ぎ入れます。茹でた京人参とおろし山葵を添えます。

◉鱧のきのこ飯蒸し

（カラー七三頁）

▼材料
鱧のおろし身
白蒸し（もち米　塩　水　酒）
しめじ　舞茸　椎茸　吸い地（だし汁　淡口醤油　塩）
菊菜あん（菊菜　だし汁　淡口醤油　塩　葛）
京人参　山葵

▼作り方
①鱧のおろし身は骨切りし、七、八センチ幅に切りわけます。
②白蒸しを作ります。もち米はといでから水に浸けて半日程おき、ザルにあげます。これをぬれ布巾を敷いた蒸し器に入れ、塩水を打ちながら柔らかくなるまで蒸し、仕上げに酒を振って蒸し上げます。蒸し上がったらよくむらして、一人分ずつを俵型に握ります。
③しめじと舞茸は石づきを取って切り離します。椎茸は石づきを除いて細切りにします。吸い地の材料を煮立たせて、これらのきのこを含め煮にし、汁気をきっておきます。
④器に俵型に握った白蒸しをおいて含め煮にした茸をのせ、上から鱧をかぶせて包み込むように整え、蒸し器で蒸します。
⑤菊菜あんを作ります。菊菜は葉を摘み取って熱湯でさっと茹で、水に取って水気を絞り、細かく叩きます。鍋にだし汁と調味料を合わせて煮立たせ、水溶きの葛で薄くとろみをつけて叩いた菊菜を加えます。
⑥鱧のきのこ飯蒸しに熱々の菊菜あんを注ぎ入れ、京人参を結び人参に仕立ててのせ、おろし山葵を添えます。

◉鱧の蕪蒸し

（カラー七四頁）

▼材料
鱧のおろし身　焼きだれ（濃口醤油　酒　水）
聖護院蕪　卵白　片栗粉　塩
銀あん（だし汁　淡口醤油　塩　葛）
銀杏　京人参　山葵

▼作り方
①鱧のおろし身は骨切りしてつけ焼きにし、一口大に切ります。
②聖護院蕪は皮をむいておろし金ですりおろし、布巾に包んで水気を軽く絞ります。蕪に卵白と片栗粉、塩を加えて混ぜ合わせます。
③よく混ざったらラップの上に一人分ずつ取って中心につけ焼きにした鱧をのせます。ラップごと包み込んで形を整え、口をねじって輪ゴムでとめ、蒸気の上がった蒸し器に入れて、強火で一五分程蒸します。
④鱧の蕪蒸しを碗に盛り、熱々の銀あんをたっぷりと縁から注ぎ入れます。紅葉人参と輪切りの銀杏を彩りよく散らし、おろし山葵を添えます。
◆ラップで包まず、つけ焼きにした鱧にすりおろした蕪をふんわりとかけるだけでも違った趣の蕪蒸しとなります。その場合、すりおろした蕪にはメレンゲ状に泡立てた卵白と塩を混ぜます。

◉満月鱧

（カラー七五頁）

▼材料
鱧のおろし身　塩

黄身しんじょ地（白身魚のすり身　だし汁　浮き粉　サラダ油　卵黄）
巨峰ソース（巨峰　砂糖）
▼作り方
①鱧のおろし身は骨切りし、皮面に塩を薄く振っておきます。
②黄身しんじょを作ります。白身魚のすり身にだし汁で溶いた浮き粉を入れてのばし、サラダ油と卵黄を加えてよく混ぜ合わせます。このしんじょ地を筒状に整えてアルミ箔で包み、蒸し器で蒸します。
③塩を振った鱧のおろし身を適度な大きさに切り、ラップの上に皮目を上にしておきます。②の黄身しんじょをのせて巻き、ラップで巻き止めます。ラップごと蒸し器に入れ、竹串がすっと通る位まで蒸します。
④巨峰ソースを作ります。巨峰は種を除いて皮ごとミキサーにかけ、毛漉しで裏漉しして鍋に移し、砂糖を加えてとろりとするまで煮詰めます。
⑤蒸し上がった満月鱧のラップをはずし、二センチ程度の厚さに切り分けて器に盛り、巨峰ソースを飾ります。
◆黄身しんじょ地は、卵黄を多めに加えて固めに作り、形を整えやすくします。また、濃い黄色に仕上がるので満月の趣がいっそう増します。

◉鱧のセルクル蒸し　バルサミコソース

（カラー七五頁）

▼材料
鱧のおろし身　鱧しんじょ地（鱧のすり身　卵黄　だし汁　浮き粉）
鱧の肝　煮汁（だし汁　淡口醤油　みりん　砂糖）
バルサミコソース（バルサミコ酢　砂糖）
▼作り方
①鱧のおろし身は骨切りし、背の部分で縦に半分に切ります。
②鱧しんじょ地を作ります。鱧のすり身をなめらかになるように当たり鉢で当たります。ここに卵黄とだし汁で溶いた浮き粉を加え、さらに丁寧にすり混ぜていきます。
③鱧の肝は一二一頁を参照して下処理し、煮汁で煮て味を含めます。
④セルクル型を用意し、皮目が内側になるよう型の側面に沿わせて鱧をおきます。この中に鱧しんじょ地を詰めて上には鱧の肝をのせ、蒸気の上がった蒸し器で蒸します。
⑤バルサミコソースを作ります。バルサミコ酢を鍋に入れ、砂糖少々を加えてとろみがつくまで弱火で煮詰めます。
⑥鱧のセルクル蒸しを型からはずして器に盛り、バルサミコソースをかけます。

【油もの】

◉鱧の新茶香り揚げ

（カラー七六頁）

▼材料
鱧のおろし身　塩　抹茶　片栗粉　茗荷　揚げ油
▼作り方
①鱧のおろし身は骨切りして二センチ幅に切り、薄く塩を振ります。骨切りした身の一枚一枚にも丁寧に刷毛で抹茶、片栗粉の順につけ、一七〇度に熱した油で揚げます。
②茗荷は半分に切って片栗粉を刷毛でまぶし、油で揚げます。
③器に揚げた鱧を重ねて盛り、手前に②の茗荷を立てかけます。
◆供する時に、塩とレモンを添えるとよいでしょう。

◉鱧のあられ揚げ

（カラー七七頁）

▼材料
鱧のおろし身　小麦粉　卵白　素焼きのあられ　揚げ油
松茸　紅葉　白扇衣（卵白　片栗粉　水）

銀杏　塩

▼作り方

①鱧のおろし身は骨切りして適当な長さに切り、皮目を上にして手前から巻き込みます。この鱧の身に小麦粉を刷毛で薄くまぶし、溶きほぐした卵白にくぐらせてから素焼きのあられをつけ、一七〇度に熱した揚げ油で竹串がすっと通るまで揚げます。

②松茸は石づきを削って汚れを拭き、食べよい大きさに切ります。紅葉は丁寧に水洗いして水気を拭き取ります。卵白に片栗粉、水を合わせて白扇衣を作り、松茸と紅葉を薄くくぐらせ、色がつかないよう揚げ油で揚げます。

③銀杏は鬼殻から取り出し、熱した揚げ油に落として素揚げにし、薄皮を取り除きます。

④鱧のあられ揚げを一センチ程度の幅に切り、和紙を敷いた器に重ね盛りにして松茸の白扇揚げと紅葉の白扇揚げ、銀杏を彩りよく添えます。揚げたてを塩で供します。

◉鱧の松笠揚げ

（カラー七七頁）

▼材料

鱧のおろし身　白身魚のすり身　銀杏　揚げ油　塩

▼作り方

①鱧のおろし身は骨切りして、三センチ程度の幅に切っておきます。

②銀杏は鬼殻から取り出して熱した揚げ油で揚げ、薄皮を除いて薄切りにします。

③鱧の身側になめらかにした白身魚のすり身を均等にぬり、薄切りにしておいた銀杏を松笠に見立てて刺します。これを銀杏がはがれないように注意しながらやや低めの揚げ油で火が通る程度まで揚げ、器に盛って熱々を供します。塩を別添えにします。

◉鱧煎餅、肝煎餅

（カラー七八頁）

▼材料

鱧のおろし身　鱧の肝　塩　葛　揚げ油　味塩（塩　旨味調味料）

▼作り方

①鱧のおろし身は骨切りしたものを用意し、五ミリ程度の幅で切り落とし、塩を軽く振っておきます。この鱧を葛をまぶしながらのし棒で薄くのします。

②鱧の肝は一二一頁を参照して下処理し、水気を拭き取って軽く塩を振り、鱧のおろし身と同様に、葛をまぶしながらのし棒で薄くのします。

③一七〇〜一八〇度に熱した揚げ油で、薄くのした鱧の身と肝をからりと揚げて、油をしっかりときります。熱いうちに味塩を振り、和紙を敷いた器に盛ります。

◆味塩は天然塩を焙烙鍋で煎って、旨味調味料を加え、焼き塩にしたものです。

【ご飯もの】

◉鱧の粽寿司

（カラー七九頁）

▼材料

鱧のおろし身　焼きだれ（濃口醤油　酒　水）

すし飯（米　水　米酢　砂糖　塩　昆布　旨味調味料）

煮つめ（濃口醤油　たまり醤油　煮切り酒　煮切りみりん　砂糖　葛）

花山椒の佃煮（花山椒　濃口醤油　酒　砂糖）

江戸生姜（土生姜　米酢　砂糖　塩　昆布）

▼作り方

①鱧のおろし身は骨切りして金串を打ち、白焼きにしてから焼きだれを

二、三度ぬってつけ焼きにし、金串を抜いて適当な大きさに切ります。
②一四〇頁の鱧寿司を参照してすし飯を作り、軽く握ります。このすし飯につけ焼きにした鱧をのせてさらしで粽形に形を整え、煮つめをぬります。笹の葉三枚を少しずつずらして重ね、鱧の粽寿司を包み、いぐさでしばります。
③器に一人分三本をまとめて盛り、花山椒の佃煮と江戸生姜を添えます。
◆花山椒の佃煮／よく洗った花山椒を濃口醤油、酒、砂糖で汁気が少なくなるまで煮詰めて作ります。
◆煮詰め、江戸生姜の作り方は、一四〇頁の鱧寿司を参照して下さい。

◉ちりめん鱧寿司

（カラー八〇頁）

▼材料
鱧のおろし身　塩
すし飯（白飯　酢　砂糖　塩）　大葉
大徳寺納豆　食用ほおずき　江戸生姜（土生姜　米酢　砂糖　塩　昆布）
▼作り方
①鱧のおろし身は一三七頁の水晶鱧　蓼醤油を参照して水晶鱧にします。
②すし飯に細かく叩いた大葉を混ぜて大きめの手毬寿司の形に握り、鱧の身を何枚か重ね、すし飯を包みこむように丸く握ります。
③ちりめん鱧寿司に大徳寺納豆をのせて器に盛り、食用ほおずきと江戸生姜を添えます。

◉温寿司

（カラー八〇頁）

▼材料
鱧のおろし身　焼きだれ（濃口醤油　酒　水）
すし飯（米　水　酢　砂糖　塩　昆布　旨味調味料）
煮つめ（濃口醤油　たまり醤油　煮切り酒　煮切りみりん　砂糖　葛）
粉山椒
酢取り茗荷（茗荷　砂糖　酢）
江戸生姜（土生姜　米酢　砂糖　塩　昆布）
▼作り方
①鱧のおろし身は骨切りしたのちつけ焼きにして、食べよく切ります。
②すし飯を一四〇頁の鱧寿司を参照して作って軽く握り、焼き鱧をのせて包み込むように形を整え、桧のせいろに盛ります。せいろごと蒸気の上がった蒸し器で蒸します。
③蒸し上がったら取り出して、煮つめをぬって粉山椒を振り、酢取り茗荷と江戸生姜を添えます。

◉鱧の握り寿司

（カラー八一頁）

▼材料
鱧のおろし身　塩　焼きだれ（濃口醤油　酒　水）
すし飯（白飯　米酢　砂糖　塩　昆布　旨味調味料）　山葵
柚子　山葵　ちり酢（すだちの絞り汁　レモンの絞り汁　だし汁　淡口醤油　煮切りみりん　煮切り酒　昆布　かつお節）　おろし大根　青葱
七味唐辛子　菊花　甘酢（酢　砂糖）　梅肉
合わせ醤油（濃口醤油　たまり醤油　みりん）　すだち
▼作り方
①鱧は白焼き、湯引き、つけ焼き、生に仕立ててすしダネにします。
②四種類に調理したすしダネの鱧を握ります。すし飯を取って軽く握り、鱧の身におろし山葵をつけて握ったすし飯と合わせ、形を整えます。
③白焼きの握りは振り柚子をしておろし山葵を、湯引きにはおろし大根と青葱を七味唐辛子と混ぜたちり酢に漬けて添えます。つけ焼きの握りは甘酢漬けの菊花、生には梅肉を添えます。器にこれらの握り寿司と合

わせ醤油を入れた猪口を盛り合わせ、半分に切ったすだちを添えます。
◆握り寿司用の合わせ醤油は、たまり醤油とみりんを加えて甘めにしていますが、地域性や店の個性で好みの加減にします。
◆白焼き、つけ焼きの鱧の下処理は一一三頁を、湯引き、生の鱧の下処理は一一一頁をそれぞれ参照して下さい。

◉鱧と新蓮根、枝豆の白蒸し

（カラー八二頁）

▼材料

鱧のおろし身　焼きだれ（濃口醤油　酒　水）

白蒸し（もち米　酒　塩　水）

新蓮根　煮汁（だし汁　淡口醤油　塩）

枝豆　塩

実山椒　梅肉

▼作り方

①鱧のおろし身は骨切りしてつけ焼きにし、一センチ位の幅に切ります。

②白蒸しは、一六〇頁の焼き鱧の白蒸しを参照して作ります

③新蓮根は皮をむいて花形に整え、薄く切ります。酢少々を加えた熱湯で茹で、材料の煮汁で煮て味を含ませます。

④枝豆は塩でよくもんでから熱湯で茹で、莢から取り出します。

⑤青竹の器に白蒸しを盛って鱧のつけ焼き、味を含ませた新蓮根、枝豆を彩りよくのせ、蒸気の上がった蒸し器に入れて温めます。蒸し上がったら塩茹でにした実山椒を散らし、少量の梅肉を天に添えて供します。

◉鱧の赤飯蒸し

（カラー八三頁）

▼材料

鱧のおろし身　塩

赤飯（もち米　水　小豆）

大葉　小豆

▼作り方

①鱧のおろし身は骨切りして皮目に薄く塩を振り、一人前四〇グラム程度に切り分けます。

②赤飯を作ります。もち米をといで一晩水に浸けておきます。小豆は水に浸けて戻し、柔らかく茹でてから小豆と煮汁に分けます。ぬれ布巾を敷いた蒸し器にもち米と茹でた小豆を入れて中心を少しくぼませ、強火で四〇分程蒸します。途中、小豆の煮汁を数回に分けて適量振りかけ、水分を補いながらきれいな色に仕上げます。

③蒸した赤飯を一人分ずつにまとめ、切りわけた鱧の身をかぶせて包み込むように形を整えます。蒸気の上がった蒸し器に入れ、強火で蒸して火を通します。

④鱧の赤飯蒸しに、せんに打った大葉と茹でた小豆を天に盛り、熱々の状態で供します。

◉鱧の丹波蒸し

（カラー八三頁）

▼材料

焼き鱧　栗　白蒸し（もち米　酒　塩　水）

銀あん（だし汁　淡口醤油　塩　葛）　山葵

▼作り方

①焼き鱧はつけ焼きにしたものを用意し、そぎ切りにします。

②栗は鬼皮と渋皮をむいて細切りにし、蒸気の上がった蒸し器で蒸して、火を通します。

③一六〇頁の焼き鱧の白蒸しを参照して、白蒸しを作ります。

④茶碗に白蒸しを盛って焼き鱧と蒸した栗をたっぷりとのせ、葛でとろみをつけた熱々の銀あんをかけ、おろし山葵を添えます。

◉焼き鱧の炊き込みご飯 （カラー八四頁）

▼材料
焼き鱧　舞茸　人参　油揚げ　煮汁（だし汁　淡口醤油　酒）
米　水　酒　淡口醤油　木の芽

▼作り方
①つけ焼きにした焼き鱧を用意し、細かく切ります。
②舞茸と人参、油揚げは細切りにし、だし汁と淡口醤油、酒を合わせた煮汁で味を含めます。
③米は炊く一時間以上前にといでザルにあげます。米を釜に入れ、②の煮汁と水を合わせて水加減し、少量の酒と淡口醤油で味を調えたら、具をのせて炊きます。炊き上がったらよくむらし、①の細かく切った鱧を混ぜ込みます。
④茶碗に焼き鱧の炊き込みご飯を盛り、木の芽を添えてお出しします。

◉焼き鱧とカラスミの茶漬け （カラー八四頁）

▼材料
鱧のおろし身　焼きだれ（濃口醤油　酒　水）
からすみ　白飯　実山椒　三つ葉　煎茶

▼作り方
①鱧のおろし身は骨切りして金串を打ち、白焼きにしてから焼きだれを二、三回かけてつけ焼きにします。焼き上がったら熱いうちに金串を抜いて、そぎ切りにします。
②からすみは、鱧より少し小さめのそぎ切りにします。
③器に白飯を軽く盛り、焼き鱧とからすみをのせ、塩茹でにした実山椒と軸三つ葉を散らし、煎茶を注ぎ入れます。
◆茶漬けの場合の鱧の焼きだれは、濃口醤油を少し多めにして、濃いめの味加減にした方がよいようです。からすみは好みで軽くあぶっても構いません。

◉鱧茶漬け （カラー八五頁）

▼材料
鱧のおろし身　焼きだれ（濃口醤油　酒　水）
白飯　煎茶　実山椒の佃煮（濃口醤油　砂糖）　三つ葉
香の物（千枚漬け　壬生菜　椎茸の含め煮　梅干し）

▼作り方
①鱧のおろし身は骨切りし、背の部分で切りわけ、三、四センチ幅に切ります。これを網にのせてつけ焼きにします。
②茶碗に白飯を軽く盛り、鱧のつけ焼きをのせ、煎茶を縁から注ぎ入れます。茹でた三つ葉の軸を細かく切って散らし、実山椒の佃煮を鱧の上に一粒ずつ添えます。別に香の物を数種類取り揃えて供します。

【鍋もの】

◉鱧しゃぶ （カラー八六頁）

▼材料
鱧のおろし身　松茸　白菜　ほうれん草　生巻き湯葉　京人参
昆布　水
ぽん酢醤油（すだちの絞り汁　濃口醤油　たまり醤油　みりん　酒　砂糖　昆布　かつお節）　おろし大根　一味唐辛子　青葱

▼作り方
①鱧のおろし身は骨切りし、三、四センチ幅に切ります。
②松茸は石づきを削り、汚れを拭いて食べよい大きさに切ります。

③白菜は茹でてザルにあげ、水気を絞ります。ほうれん草は塩茹でして水に取り、水気を絞ります。白菜を広げ、ほうれん草を芯にして端からきつく巻き、食べよい長さに切りわけます。
④器に鱧、松茸、ほうれん草を巻いた白菜、生巻き湯葉、紅葉形に抜いた京人参を盛ります。小鍋に汚れを拭いた昆布を敷いて水を張り、卓上こんろにかけて一緒にお出しします。別に一味唐辛子を振ったおろし大根と水にさらした青葱をぽん酢醤油に入れて添えます。

◉鱧すき

（カラー八七頁）

▼材料
鱧のおろし身　玉葱　えのき茸　粟麸　揚げ油　白滝　三つ葉
割り下（昆布だし　濃口醤油　淡口醤油　たまり醤油　みりん　砂糖）
卵

▼作り方
①鱧のおろし身は骨切りして三、四センチ幅に切ります。
②玉葱は縦半分に切ってから五ミリ幅の半月に切ります。えのき茸は根元の部分を切り落とします。粟麸は角に切って素揚げにします。白滝は熱湯で茹でて水に取り、落とし庖丁をします。
③だし汁に材料の調味料を入れてひと煮立ちさせ、割り下を作ります。
④小鍋に鱧、玉葱、えのき茸、粟麸、白滝を盛って割り下を注ぎ、軸三つ葉を添えて卓上こんろにかけます。卵を絡めて召し上がって頂きます。

◉豆乳鍋

（カラー八七頁）

▼材料
鱧のおろし身　梅ご飯（白飯　梅肉）　焼き海苔
天ぷら衣（卵　冷水　小麦粉）　揚げ油
豆乳　塩　青葱　実山椒の佃煮

▼作り方
①鱧のおろし身は骨切りし、適当な大きさに切りわけます。
②白飯に裏漉しした梅肉を混ぜ、焼き海苔で巻いて細巻きにします。
③鱧の皮目を上にしておき、②の細巻きをのせて芯にし、手前から巻きます。卵と冷水、小麦粉を合わせた天ぷら衣にくぐらせ、一七〇度の油で揚げて二センチ程度の幅に切ります。
④小鍋に塩で味を調えた豆乳を注いで③を重ねて盛り、水にさらした青葱と実山椒の佃煮を天に添え、卓上用こんろで客席へお出しします。
◆あまり煮込みすぎず、煮えばなを食べて頂くようにします。

【一品料理】

◉射込み賀茂茄子

（カラー八九頁）

▼材料
鱧のおろし身　賀茂茄子　汲み上げ湯葉　車海老　揚げ油
煮汁（だし汁　淡口醤油　砂糖　みりん　酒）
木の芽

▼作り方
①鱧のおろし身は骨切りして白焼きにし、三センチ幅位に切ります。車海老は背ワタを取って塩少量を加えた熱湯で茹でて粗熱をとり、殻をむいて適当な大きさに切ります。
②賀茂茄子はへたの部分を切り落として中心をくり抜きます。ここへ白焼きにした鱧と汲み上げ湯葉、車海老を射込み、一七〇度位に熱した揚げ油で中心まで火を通し、油をきります。
③深鍋に煮汁の材料を合わせて煮立たせ、鱧と汲み上げ湯葉を射込んだ賀茂茄子を煮込みます。

④射込み賀茂茄子を器に盛り、素揚げにした木の芽を天にのせます。
◆ここでは、彩りを考えて車海老を取り合わせましたが、蟹の身や淡泊な白身の魚などを合わせても結構です。

◉鱧の油焼き

（カラー九〇頁）

▼材料
鱧のおろし身　焼きだれ（だし汁　濃口醤油　みりん　酒）
紫頭巾（黒枝豆）　袋茸　大根
サラダ油　濃口醤油　みりん　酒　柚子

▼作り方
①鱧は一一三頁を参照にしてつけ焼きにし、一センチ角位に切ります。
②紫頭巾は莢から取り出し、塩少量を入れた熱湯で茹でます。袋茸は汚れを除いて塩茹でにします。大根は鱧の大きさに揃えて一センチ角位に切り、塩を入れた熱湯で茹でて五分通り位に火を通します。
③フライパンにサラダ油を熱し、鱧のつけ焼き、紫頭巾、袋茸、大根を入れてさっと炒め、濃口醤油とみりん、酒を加えて炒め合わせます。好みで砂糖を加えても結構です。
④器に鱧の油焼きを盛り、針柚子を天に添えます。
◆炒めるときは、材料すべてに火が通っているのでさっと煎る程度にし、材料の歯ごたえを残すようにします。

◉鱧と無花果の胡麻酢和え

（カラー九〇頁）

▼材料
鱧のおろし身　無花果
胡麻酢（白胡麻　土佐酢　淡口醤油　みりん）
三つ葉　実山椒の佃煮（濃口醤油　酒　砂糖）

▼作り方
①鱧のおろし身は骨切りして三センチ幅に切り、六五度位の湯で一、二分程茹でて火を通し、氷水に取って水気を拭き取り、湯引きにします。
②無花果は果肉が固めの若いものを用意し、皮をむいて水につけ、アクを抜いてから縦に六等分にします。
③胡麻酢は一四三頁の水晶鱧と白ずいき、白瓜の胡麻酢和えを参照して作ります。
④器に鱧の湯引きと無花果を交互に重ねて盛り、胡麻酢を上からたっぷりとかけます。塩を加えた熱湯で茹でて細かく切った軸三つ葉を散らし、実山椒の佃煮を天にのせます。

◉浮かし鱧

（カラー九一頁）

▼材料
鱧のおろし身　山芋　だし汁　塩　吸い地（だし汁　淡口醤油　塩）
土佐酢（酢　だし汁　淡口醤油　みりん　塩　砂糖　かつお節）　だし汁　蓴菜　水前寺海苔

▼作り方
①鱧のおろし身は骨切りし、四、五センチ幅に切ります。
②山芋は当たり鉢のへりでおろしてから当たり、だし汁でのばして塩少量で味を調えます。この山芋で鱧を包み、煮立たせた吸い地に落とします。鱧に火が通ると吸い地の表面に浮いてくるので、網杓子などですくって汁気をきります。
③器にだし汁でのばした土佐酢を張って浮かし鱧を浮かせ、蓴菜と水前寺海苔を添えます。
◆ここで使う土佐酢は鱧を浮かせるために使うものなので、鱧に味が入らないよう、だし汁でのばして薄めの味に調えます。酢一に対し、だし汁五位の割合が頃合かと思います。

◉鱧丼（カラー九二頁）

▼材料

鱧の落とし　丼地（だし汁　淡口醤油　みりん　酒）

卵　絹さや　青葱　白飯　木の芽

▼作り方

①鱧は骨切りして三センチ程度の幅に切り、落としにします。

②鍋に丼地の材料のだし汁と淡口醤油、みりん、酒を合わせて火にかけ、落としにした鱧の身と斜め切りにした青葱、絹さやを入れ、煮えてきたら卵を落とし、半熟程度で火をとめます。

③器に白飯を軽く盛って、卵を落とした鱧を汁ごとかけ、木の芽を天にのせます。

◆木の芽の代わりに粉山椒を振ることもあります。

◉鱧の天茶（カラー九三頁）

▼材料

鱧のおろし身　塩　天ぷら衣（卵　冷水　小麦粉）　揚げ油

しし唐辛子　青葱

白飯　ぶぶあられ　だし汁　淡口醤油　みりん　塩

紅葉おろし

▼作り方

①鱧のおろし身は骨切りして二センチ幅位に切り、薄く塩を振ります。

②卵、冷水、小麦粉で天ぷら衣を作って鱧をくぐらせ、一七〇度の揚げ油でからりと揚げます。

③しし唐辛子はへたの部分を切って種を取り出し、素揚げにします。青葱も適当な大きさに切ってさっと油にくぐらせます。

④茶碗に白飯を軽く盛って鱧の天ぷらをのせ、素揚げのしし唐辛子と青葱を添え、ぶぶあられを散らします。淡口醤油、みりん、塩で味を調えた熱々のだし汁をたっぷりとかけ、紅葉おろしを天に添えます。

◉鱧粥（カラー九三頁）

▼材料

鱧のおろし身　松茸　米　だし汁　淡口醤油　酒　塩　三つ葉

▼作り方

①鱧のおろし身は骨切りしたのち、一センチ幅位に切ります。松茸は石づきの部分を削って布巾で汚れを拭き、食べよい大きさに切ります。

②米は焙烙鍋に入れて強火でよく煎り、色がついてきたらだし汁を注ぎ入れ、淡口醤油と酒、塩で味を調えて炊きます。八分通り炊けたところで鱧と松茸を加えてさらに炊きます。完全に炊き上がったら塩茹でした軸三つ葉を散らして供します。

◆香ばしい風味と鱧の旨みが凝縮された粥です。香ばしさを出すためには米をきつね色の一歩手前まで煎るとよく、炊き上がった粥に米の粒が残って歯ごたえも楽しめます。生の鱧を使うことで、鱧のだしが米に移り、一層味わい深く仕上がります。鱧と松茸の風味を活かすために、味つけはあっさりとしたものにし、淡口醤油を香りづけ程度に加えます。

◉鱧の小田巻き蒸し（カラー九四頁）

▼材料

鱧のおろし身　焼きだれ（濃口醤油　酒　水）

川海老　揚げ油　干し椎茸　煮汁（だし汁　濃口醤油　みりん　砂糖）

素麺　絹さや　三つ葉

卵地（卵　だし汁　淡口醤油　塩）

柚子

▼作り方
①鱧は一一三頁を参照してつけ焼きにし、食べよい大きさに切ります。
②川海老は背ワタを取り除き、一八〇度の揚げ油で素揚げにします。
③干し椎茸は小さめのものを用意し、水に一晩浸けて戻します。戻し汁に煮汁の材料を合わせて濃いめの味に調え、戻した椎茸を煮含めます。
④素麺は固めに茹でて水に取り、ザルにあげておきます。絹さやと三つ葉の軸は塩を少量加えた熱湯でそれぞれ茹でておきます。
⑤器に素麺を敷き、焼き鱧、川海老の素揚げ、椎茸、絹さやを彩りよく盛り、卵にだし汁、淡口醤油、塩を合わせて布漉しした卵地を流し入れ、軸三つ葉を散らします。蓋をして、蒸気の上がった蒸し器に入れ弱火で一五分程蒸し、上がりにへぎ柚子を天にのせて熱々のところを供します。
◆川海老は塩茹でのものでもよく、干し椎茸は生のものでも結構です。

◉焼き鱧そば
（カラー九五頁）

▼材料
焼き鱧　茶そば　そばつゆ（だし汁　淡口醤油　濃口醤油　みりん　酒　砂糖）
青葱　針海苔　おろし大根　一味唐辛子
▼作り方
①焼き鱧はつけ焼きにしたものを用意し、そぎ切りにします。
②茶そばは固めに茹でて水に取り、ザルにあげて水気をきります。
③そばつゆの材料を合わせてひと煮立ちさせ、アクをひいて仕上げます。
④碗に茶そばを盛り、焼き鱧をのせて熱々のそばつゆを張ります。小口に切って水にさらした青葱、針海苔、一味唐辛子を振ったおろし大根をのせて供します。
◆茶そばは乾麺より、生のものが風味よく仕上がりますし、もっちりとした食感も楽しんで頂けます。そばつゆには上白糖ではなく黄ざらめを使い、より深みのある味を出しています。
◆薬味のおろし大根は、入手可能であれば辛味大根を使うとなおよく、ぴりっとした辛みでそばの味わいを高めます。

◉鱧にゅうめん
（カラー九五頁）

▼材料
鱧のおろし身　塩
素麺　かけつゆ（だし汁　淡口醤油　みりん　酒　砂糖）
柚子
▼作り方
①鱧のおろし身は骨切りして薄く塩を振り、白焼きにして三、四センチ幅に切ります。
②素麺は固めに茹でて水に取り、ザルにあげて水気をきります。
③かけつゆを作ります。かけつゆの材料を合わせてひと煮立ちさせます。
④丼に素麺を入れ、白焼きにした鱧三、四切れをのせて熱々のかけつゆを張り、松葉に切った柚子を添えます。
◆かけつゆに白焼きにした鱧と固めに茹でた素麺を入れて煮込むと、鱧の旨さが一層際立ってまた違った味わいが楽しめます。

【弁当・会席料理】

◉祭り弁当
（カラー九七頁）

《取り肴》（弁当箱—上枠）
▼材料
［**鱧巻き玉子**］
焼き鱧　卵地（卵　だし汁　塩　淡口醤油　浮き粉）　サラダ油

［**床節の旨煮**］

床節　煮汁（だし汁　酒　濃口醤油　淡口醤油　みりん　砂糖）

［**新栗芋の梅尾煮**］

新さつま芋　くちなしの実　水　砂糖

［**いかの雲丹和え**］

文甲いか　生雲丹　淡口醤油　みりん　柚子

［**鱧のつけ焼き**］

鱧のおろし身　焼きだれ（濃口醤油　酒　水）

［**酢取り茗荷**］

茗荷　酢　砂糖

［**加茂川ごりの飴炊き**］

活ごり　酒　濃口醤油　たまり醤油　みりん　砂糖　生姜

［**茹で車海老**］

車海老　塩

［**鱧の鳴門巻き**］

鱧のおろし身　八方地（だし汁　淡口醤油　酒　みりん　砂糖）

▼作り方

①**鱧巻き玉子**を作ります。つけ焼きの鱧を用意し、縦に細く切ります。溶き卵に他の卵地の材料を合わせ、油を敷いてよく熱した卵焼き鍋に三、四分の一量位を流して中火で焼きます。焼けてきたら手前側に先の焼き鱧をおいて芯にし、手前側から向こう側へと巻きます。焼いた卵を手前に戻し、再び卵地を流し入れて同様に巻きます。この工程を繰り返して焼き上げ、巻き簀に取って筒状に形を整えて切りわけます。

②**床節の旨煮**を作ります。床節は殻のまま塩をたっぷりとまぶしてもみ、水洗いしてよくさらし、水気を拭いて鍋に入れ、同量のだし汁と酒を注ぎます。煮立たない位の火加減で煮込み、床節が柔らかくなったら煮汁の調味料を加え、さらに煮含めます。

③**新栗芋の梅尾煮**を作ります。さつま芋を栗の形にむき、一五〇頁の鱧の八幡巻きを参照して梅尾煮にします。

④**いかの雲丹和え**を作ります。文甲いかの上身を細造りにし、生雲丹と和えます。淡口醤油、みりんで味を調え、器に盛って振り柚子をします。

⑤**鱧のつけ焼き**は一一三頁を参照し、四、五センチ長さに切ります。

⑥**酢取り茗荷**は一五三頁の鱧の柚香西京焼きを参照して作ります。

⑦**加茂川ごりの飴炊き**を作ります。ごりを丁寧に水洗いして草やごみなどを除いて水気をきります。ごりと酒を鍋に入れ、少し煮たのち濃口醤油、みりん、砂糖を加えて煮詰めます。六、七分通り火が通ったらたまり醤油で色をつけ、針生姜を加えて汁気がなくなるまで煮詰めます。

◆酒が煮立つとごりが暴れ出し、鍋の中で体が左右に曲がったりします。落ち着いて形が決まってから調味料で味を入れるようにします。

⑧**茹で車海老**を作ります。車海老は背ワタを除き、塩を加えた熱湯で茹でてザルに取り、冷ましてから頭と尾を切り落として殻をむきます。

⑨**鱧の鳴門巻き**を作ります。鱧のおろし身は骨切りして一五センチ位の長さに切ります。鱧の皮目を上に、縦方向におき、手前からきっちりと巻いてへぎ紐でとめます。八方地の材料を合わせ、煮立つ直前に鱧の鳴門巻きを入れて煮含めます。煮上がったら二、三センチ厚さに切ります。

▼盛りつけ

弁当箱の上枠に鱧巻き玉子をおき、その右脇に床節の旨煮を殻に戻して盛り、新栗芋の梅尾煮を添え、猪口に盛ったいかの雲丹和えをおきます。床節の手前に鱧のつけ焼きと酢取り茗荷を盛り、菊の葉を立てかけるようにして加茂川ごりの飴炊きを盛ります。その右脇に茹で車海老を二尾重ねて盛り、鱧の鳴門巻きを立てかけます。

《取り肴》（弁当箱—左枠）

▼材料

［**白だつの胡麻酢和え**］

白だつ　胡麻酢（白胡麻　土佐酢　淡口醤油　みりん　砂糖）　すだち

［**鱧のちり酢和え**］

鱧の落とし　ちり酢（橙の絞り汁　すだちの絞り汁　淡口醤油　みりん

おろし大根）　三つ葉

［**やまももの焼酎漬け**］

やまもも　リカー酒　氷砂糖

［**鴨ロース**］

合鴨胸肉　煮汁（濃口醤油　煮切り酒　煮切りみりん　砂糖）

［**枝豆**］

枝豆　塩

［**帆立貝の湯ぶり**］

帆立貝　塩

［**衣かつぎ**］

小芋　塩

▼作り方

①**白だつの胡麻酢和え**を作ります。白だつは薄皮をむき、酢少々を入れた熱湯で茹でて水にさらし、水気をきって二センチ長さに切ります。一四三頁の水晶鱧と白ずいき、白瓜の胡麻酢和えを参照して胡麻酢を作り、白だつと和えてすだち釜に盛ります。

②**鱧のちり酢和え**を作ります。鱧は落としにして細かく切ります。一四九頁の鱧の焼霜造りを参照してちり酢を作り、細かく切った鱧の落としと和えます。猪口に盛り、茹でた三つ葉の軸を散らします。

③**やまももの焼酎漬け**を作ります。やまももを水洗いして水気を拭き、蓋付きの瓶にひたひたのリカー酒、氷砂糖とともに入れて三、四週間おきます。はじめは焼酎の表面にやまももが浮かびますが、氷砂糖が溶けて中心まで漬かると沈みます。完全に沈んだ頃から使えます。

④**鴨ロース**は胸肉を使い、材料の煮汁で表面が鉛色になるまで煮込みます。肉を指で押して、戻ってくる位の弾力を煮上がりの目安とします。

⑤**枝豆**は両端を切り落として当たり鉢に入れ、塩をでこするようにしてうぶ毛を取り除き、熱湯で柔らかくなるまで茹でます。

⑥**帆立貝の湯ぶり**を作ります。帆立貝は殻からはずし、ひもとワタ、縁ペラなどを除いて水洗いします。これを塩を少量加えた熱湯に入れてさっと湯ぶりし、すぐに氷水に取って冷まして水気を拭き取ります。

⑦**衣かつぎ**を作ります。小芋を洗い、上から三分の一位のところにぐるりと横に庖丁を入れます。柔らかくなるまで蒸して、軽く塩を振ります。

▼盛りつけ

弁当箱の左枠の奥にすだち釜に盛った白だつの胡麻酢和えをおき、右手前に猪口に入れた鱧のちり酢和えをおきます。すだち釜の手前にやまももの焼酎漬けを添え、鴨ロースを折り曲げて盛り、その横に衣かつぎ、枝豆を二つ重ねてあしらい、帆立貝の湯ぶりを盛ります。

《炊き合わせ》（弁当箱—右枠）

▼材料

［**冬瓜の松前煮**］

冬瓜　煮汁（だし汁　淡口醤油　みりん　塩　砂糖）　昆布

［**茄子の揚げ煮**］

茄子　揚げ油　煮汁（だし汁　濃口醤油　淡口醤油　みりん）

［**落ち小芋の煮物**］

小芋　煮汁（だし汁　淡口醤油　みりん　砂糖）

［**鱧の子の玉〆**］

鱧の子　煮汁（だし汁　淡口醤油　酒　みりん　砂糖）　卵

生巻き湯葉　紅葉麩　八方地（だし汁　淡口醤油　みりん）

絹さや　塩　柚子

▼作り方

①**冬瓜の松前煮**は、一五五頁の冬瓜の鱧そぼろあんかけを参照し、冬瓜を煮含めます。

②**茄子の揚げ煮**を作ります。茄子はへたの部分を切り落として素揚げに

し、熱湯で油抜きします。煮立った煮汁で素揚げの茄子をさっと煮ます。

③**落ち小芋の煮物と鱧の子の玉〆**は一三九頁の鱧の子と落ち小芋の炊き合わせを参照して作ります。

④生巻き湯葉は煮崩れないよう、表面に軽く焦げ目がつく程度にバーナーで焼き、紅葉麸は適当な幅に切ってから水からゆがいてよくさらします。これらをそれぞれ八方地で煮て味を含めます。

▼盛りつけ

弁当箱の右枠の奥に冬瓜の松前煮をおき、落ち小芋の煮物、茄子の揚げ煮、生巻き湯葉、紅葉麸、成り口を切り調えて色よく塩茹でにした絹さや、鱧の子の玉〆と順に盛り、全体に振り柚子をして仕上げます。

《ご飯》（弁当箱―下枠）

▼材料

［鱧寿司］

鱧のおろし身（四〇〇～五〇〇グラム位のもの）　焼きだれ　すし飯

煮つめ　実山椒の佃煮

［鱧と海老の手毬寿司］

鱧のおろし身　車海老　すし飯　山葵

［胡瓜の小巻き寿司］

胡瓜　塩　焼き海苔　すし飯　山葵

［江戸生姜］

土生姜　米酢　砂糖　塩　昆布

▼作り方

①**鱧寿司**は一四〇頁の鱧寿司を参照して作ります。

②**鱧と海老の手毬寿司**を作ります。鱧のおろし身は骨切りして三、四センチ幅に切って落としにします。車海老は背ワタを取って塩茹でし、頭と尾を落として殻をむいてから背開きにします。ぬれ布巾を広げ、鱧の皮目を上にしておき、山葵、一口大に丸めたすし飯をのせて布巾で絞り、手毬寿司の形に整えます。同様にして海老の手毬寿司も作ります。

③**胡瓜の小巻き寿司**を作ります。胡瓜は塩を振って板ずりし、水で洗って両端を切り、縦四つに割ります。巻き簀に焼き海苔をおいてすし飯を薄く広げ、先の胡瓜二本をおき、山葵を薄くぬります。胡瓜を芯にして細巻きの要領で巻いて食べよい大きさに切ります。

▼盛りつけ

弁当箱の下枠の奥から鱧寿司五切れを並べ、右手前に鱧と海老の手毬寿司、左手前に胡瓜の小巻き寿司二切れを並べて盛ります。菊の葉を鱧寿司に立てかけるようにしておき、その上に江戸生姜を添えます。

◉鱧点心

（カラー九八頁）

▼材料

［鱧の小袖寿司］

鱧のおろし身（四〇〇～五〇〇グラム位のもの）　焼きだれ　すし飯

煮つめ　実山椒の佃煮　江戸生姜

［松茸とほうれん草、菊の花のお浸し］

松茸　煮汁（だし汁　淡口醤油　塩）

菊花　ほうれん草

浸し地（だし汁　淡口醤油　みりん　塩）　すだちの絞り汁

［丸巻き玉子］

卵　だし汁　淡口醤油　塩　浮き粉　サラダ油

［鰆のろう焼き］

鰆のおろし身　塩　卵黄

［松葉銀杏］

銀杏　揚げ油　塩

［茹で車海老］

車海老　塩

［**くるみの飴炊き**］
むきくるみ　砂糖　水飴　水
［**甘鯛の竜皮昆布巻き**］
甘鯛のおろし身　塩　竜皮昆布　土生姜　甘酢（米酢　砂糖　塩）
［**子持ち鮎の甘露煮**］
子持ち鮎　塩　番茶　煮汁（濃口醤油　たまり醤油　みりん　砂糖　酒　水）
［**酢取り茗荷**］
茗荷　酢　砂糖
［**鱧の鳴門巻き**］
鱧のおろし身　塩　八方地（だし汁　淡口醤油　みりん）
［**鱧と小芋の炊き合わせ**］
鱧の揚げ煮（鱧のおろし身　片栗粉　揚げ油　だし汁　淡口醤油　みりん　酒）
小芋の白煮（小芋　米のとぎ汁　だし汁　淡口醤油　塩　みりん）
生巻き湯葉　紅葉麸　八方地（だし汁　淡口醤油　酒　みりん）
ほうれん草　柚子

▼作り方

①**鱧の小袖寿司**は一四〇頁の鱧寿司を参照して小振りに作って小袖に形を調えます。煮つめをぬって切りわけ、実山椒の佃煮をのせます。

②**松茸とほうれん草**、**菊の花のお浸し**を作ります。松茸は石づきを削って汚れを拭き、適当な大きさに切って煮汁でさっと煮ます。ほうれん草と菊花はそれぞれ茹でて水気を絞り、松茸とともに浸し地に浸して味を含ませます。すだちの絞り汁を振り入れ、猪口に盛ります。

③**丸巻き玉子**は、一七〇頁の祭り弁当の鱧巻き玉子と同じ要領で焼き上げ、形を調えて切り分けます。

④**鰆のろう焼き**を作ります。鰆のおろし身は一人分四〇グラム位の切り身を用意し、薄く塩を振ります。白焼きにしたのち、卵黄を表面にぬって乾かすようにあぶります。これを数回繰り返し、ろう焼きにします。

⑤**松葉銀杏と茹で車海老**は、一七〇頁の祭り弁当を参照して作ります。

⑥**くるみの飴炊き**を作ります。むきくるみは薄皮をむいて水洗いし、水気をきります。水と砂糖、水飴を火にかけ、飴になる直前まで煮詰め、むきくるみをさっと煮ます。

⑦**甘鯛の竜皮昆布巻き**を作ります。甘鯛のおろし身は皮を引き、薄く塩を振って竜皮昆布の幅に合わせて長さを整え、観音開きにして身の厚みを揃えます。土生姜はせん切りにして熱湯で茹で、水気をきって甘酢に漬けます。巻き簀に竜皮昆布、先の甘鯛、甘酢漬けの土生姜を順にのせて巻き、形を落ちつかせて二、三センチの厚さに切りわけます。

⑧**子持ち鮎の甘露煮**を作ります。子持ち鮎はぬめりをよく洗って薄く塩を振り、白焼きにします。鍋に鮎を重ならないよう放射状に並べ、番茶を注いで煮立たない位の火加減で五、六時間煮てから鍋ごと冷蔵庫で一晩おきます。これを取り出して鍋ごと水にさらして水気をきり、別鍋に鮎を移します。鍋に水と酒を入れ、鮎が踊らない程度の火加減で約一時間程炊き、地が半量まで煮詰まったら濃口醤油、砂糖を加えます。さらに煮詰まったらたまり醤油とみりんを加えて炊き上げます。

◆番茶で炊くことで、鮎の川魚特有の臭みが抜け、丸ごと食べられるほど柔らかくなります。また鍋のまま冷蔵庫に一晩おくことで、余分な脂分が取れ、煮崩れを防ぐことができます。

⑨**酢取り茗荷**は一五三頁の鱧の柚香西京焼きを参照して作ります。

⑩**鱧の鳴門巻き**は一七〇頁の祭り弁当を参照して作ります。

⑪**鱧の揚げ煮**は一五六頁の鱧の揚げ煮を参照して作ります。

⑫**小芋の白煮**を作ります。小芋は泥を落とし、天地を切って米のとぎ汁で柔らかくなるまで下茹でします。これを茹でこぼして水洗いし、皮を取り除きます。煮立たせた煮汁に入れてゆっくりと含め煮にします。

⑬生巻き湯葉と紅葉麸は一七〇頁の祭り弁当を参照して作ります。ほうれん草は塩少量を加えた熱湯で茹でて水にさらし、アクを抜いてから水

気を絞り、鱧の揚げ煮に用いた煮汁に浸します。

▼盛りつけ

鱧の小袖寿司は二切れを一人分として小皿にのせ、江戸生姜を添えます。これを大徳寺縁高の左奥におき、その右隣に猪口に盛った松茸とほうれん草、菊の花のお浸し、さらにその右隣に丸巻き玉子をおきます。手前に鰆のろう焼き、くるみの飴炊き、甘鯛の竜皮昆布巻き、子持ち鮎の甘露煮、鱧の鳴門巻き等を盛り、松葉銀杏と酢取り茗荷をあしらいます。木の葉皿に鱧の揚げ煮と小芋の白煮、生巻き湯葉、紅葉麸、ほうれん草を盛り、鱧の揚げ煮の上に針柚子をのせて鱧の小袖寿司の手前におきます。

◉秋の虫養い

（カラー九九頁）

▼材料

［**鱧ご飯**］

焼き鱧　松茸　煮汁（だし汁　淡口醤油　塩）　人参　だし汁　銀杏　白飯　揚げ油

［**いかの雲丹和えといくらのすだち釜**］

剣先いか　生雲丹　柚子　いくら　淡口醤油　みりん　おろし大根　すだち

［**加茂川ごりの飴炊き**］

活ごり　煮汁（濃口醤油　たまり醤油　みりん　砂糖　酒）　生姜

▼作り方

①**鱧ご飯**を作ります。つけ焼きの鱧を用意して一口大に切ります。松茸は石づきを削って汚れを拭き、薄く切って煮汁の材料を合わせたものでさっと煮ます。人参は紅葉形で抜いて薄く切り、熱湯で茹でてだし汁に浸し、銀杏は油で揚げて薄切りにします。固めに炊いてむらした白飯に、焼き鱧、松茸、紅葉人参、銀杏を軽く混ぜ、棗型の器の下段に盛ります。

②**いかの雲丹和えといくらのすだち釜**を作ります。すだち釜を一人分二個ずつ用意し、一つには細切りにした剣先いかを入れて生雲丹をのせ、振り柚子をします。もう一つには淡口醤油とみりんで味つけしたいくらを入れ、汁気を軽くしぼったおろし大根を天にのせます。

③**加茂川ごりの飴炊き**は一七〇頁の祭り弁当を参照して作ります。

④棗型の上段にいかの雲丹和えといくらのすだち釜を盛り、菊の葉を敷いて加茂川ごりの飴炊きをのせ、針生姜を天に添えます。

◉会席料理—神無月の献立より

（カラー一〇〇～一〇二頁）

《前菜》

▼材料

［**胡瓜と椎茸の胡麻酢和え**］

胡瓜　塩　椎茸　だし汁　胡麻酢（白胡麻　土佐酢　淡口醤油　みりん）

［**松葉銀杏**］

銀杏　揚げ油　塩

［**茹で車海老**］

車海老　塩

［**鯖の小袖寿司**］

鯖のおろし身　塩　酢　すし飯（一四〇頁鱧寿司参照）　すだち

［**栗の甘露煮**］

栗　くちなしの実　水　砂糖

［**鱧の鳴門巻き**］

鱧のおろし身　塩　八方地（だし汁　淡口醤油　酒　みりん）

［**からすみ**］

［**子持ち鮎の甘露煮**］

子持ち鮎　煮汁（濃口醤油　たまり醤油　みりん　砂糖　酒）

［**いかのすだち釜**］

文甲いか　生雲丹　淡口醤油　みりん　すだち

▼作り方

①**胡瓜と椎茸の胡麻酢和え**を作ります。胡瓜は両端を切って半分に切り、斜め薄切りにして薄い塩水につけます。椎茸は石づきを取って薄切りにし、だし汁で煮ます。一四三頁の水晶鱧と白ずいき、白瓜の胡麻酢和えを参照して胡麻酢を作り、胡瓜と椎茸を和えて、猪口に盛ります。

②**松葉銀杏と茹で車海老**は一七〇頁の祭り弁当を参照して作ります。

③**鯖の小袖寿司**を作ります。鯖のおろし身は腹骨をすき取り、小骨を抜いてべた塩にして塩が回るまでおきます。塩を洗い流して水気を拭き、酢に漬けます。酢がなじんだら薄皮を引いて四、五センチ幅に切り揃え、縦に五ミリ幅間隔の切り目を入れます。ぬらしたさらし布巾に皮目を下にしておき、棒状に整えたすし飯をのせ、さらし布巾ごときっちり押さえて小袖形に整えます。二、三センチ幅に切って二切れを一人分とし、間に薄く輪切りにしたすだちを挟みます。

④**栗の甘露煮**は一五二頁の鱧の味噌幽庵焼きの焼き目甘栗を参照して甘露煮にします。

⑤**鱧の鳴門巻き**は一七〇頁の祭り弁当を参照して作ります。

⑥**子持ち鮎の甘露煮**は一七三頁の鱧点心を参照して作ります。

⑦いかの**すだち釜**は一七五頁の秋の虫養いを参照して作ります。

▼盛りつけ

折敷の向こうに猪口に盛った胡瓜と椎茸の胡麻酢和えをおき、右斜め手前に柿の葉を敷いて鯖の小袖寿司をのせ、茹で車海老、松葉銀杏を立てかけます。左斜め手前には照り葉を敷いて鱧の鳴門巻きをのせ、薄く切ったからすみをあしらいます。さらに鯖の小袖寿司の手前に栗の甘露煮、子持ち鮎の甘露煮、いかのすだち釜をおきます。

《鱧と松茸の土瓶蒸し》(椀盛り替わり)

▼材料

鱧のおろし身　松茸　煮汁(だし汁　淡口醤油　塩)

吸い地(だし汁　淡口醤油　塩　みりん)　鱧の茹で汁

車海老　銀杏　三つ葉

▼作り方

一三六頁の松茸と鱧の土瓶蒸しを参照して作り、熱々をお出しします。

《お造り》

▼材料

鯛の上身　鮪の柵　生雲丹　大根のけん　大葉　莫大海　水前寺海苔

山葵　より人参　造り醤油(濃口醤油　たまり醤油　みりん)

▼作り方

①鯛の上身は皮を引いてそぎ造りにします。鮪の柵は三センチ幅×一センチ弱の厚みに整えて短冊に切ります。

②器の奥に大根のけんをおいて大葉を敷き、鯛のそぎ造りを重ねて盛り、左斜め前に短冊に切った鮪を二切れ重ねます。さらにその斜め手前に生雲丹をこんもりと重ねて盛り、水で戻した莫大海と水前寺海苔、山葵を添え、鯛の上により人参を飾ります。別器に造り醤油を添えます。

《焼き物》

▼材料

[**かますの味噌幽庵焼き**]

かますのおろし身　味噌幽庵地(西京味噌　みりん　酒　濃口醤油　柚子)

[**青菜と菊花のお浸し**]

ほうれん草　菊花　浸し地(だし汁　淡口醤油　みりん)

[**酢取り生姜**]

▼作り方

①**かますの味噌幽庵焼き**を作ります。かますは三枚におろして小骨を抜き、輪切りの柚子を加えた味噌幽庵地に漬けます。味がなじんだら皮目

を上にして両褄に折って金串を打ち、強火の遠火で焼き上げます。

②**青菜と菊花のお浸し**を作ります。ほうれん草は塩茹でにしてから、菊花は酢少量を加えた熱湯で茹でてから水に取り、水気を絞ります。浸し地の材料を合わせたところへこれらを浸して味を含ませます。

③器にかますの味噌幽庵焼きを盛り、水気を絞った青菜と菊花のお浸しを添え、酢取り生姜をあしらいます。

《炊き合わせ》

▼材料

[**鱈の子の煮物**]

鱈の子　煮汁（だし汁　淡口醤油　みりん　酒　砂糖）

[**海老しんじょの煮物**]

海老　白身魚のすり身　だし汁　浮き粉　揚げ油　八方地（だし汁　淡口醤油　酒　みりん）

[**海老芋の含め煮**]

海老芋　米のとぎ汁　煮汁（だし汁　淡口醤油　みりん　砂糖）

[**南瓜の含め煮**]

南瓜　煮汁（だし汁　淡口醤油　みりん　砂糖）

生巻き湯葉　紅葉麸　八方地（だし汁　淡口醤油　酒　みりん）

三度豆　木の芽

▼作り方

①**鱈の子の煮物**を作ります。鱈の子は水にさらして血合いや汚れを爪楊枝などで取り除き、縦に庖丁目を入れて三つ位に切って熱湯に落とし、花が咲いたようになったら鍋ごと水が澄むまでさらします。すいのうにあげて水気をきり、煮立たせた煮汁で煮含めます。

②**海老しんじょの煮物**を作ります。海老は背ワタを除いて頭と尾を落として殻をむき、半量は白身魚のすり身、だし汁、浮き粉とフードプロセッサーにかけてなめらかにします。もう半量の海老は二センチ位の大きさに切って海老しんじょ地と合わせます。これを一口大の丸に取り、一七〇度の油で揚げ、熱湯をかけて油抜きしてから八方地で煮含めます。

③**海老芋の含め煮**は一五二頁の鱧の変わり八幡巻きを参照して海老芋を煮含めます。

④**南瓜の含め煮**を作ります。南瓜は適当な大きさに切って種の部分を除き、皮を薄くむいて水から下茹でします。煮汁の材料をひと煮立ちさせて南瓜を入れ、弱火でゆっくりと煮て、味を含めます。

⑤生巻き湯葉と紅葉麸は一七〇頁の祭り弁当を参照して作ります。

⑥器に海老芋の含め煮、南瓜の含め煮、鱈の子の煮物、海老しんじょの煮物を盛り、生巻き湯葉と紅葉麸、塩茹でして半分に切った三度豆を盛り添え、木の芽を鱈の子の煮物の上にのせます。

《酢の物》

▼材料

蟹身　鮑　大根　胡瓜　塩　うど　酢　防風　土佐酢（酢　だし汁　淡口醤油　みりん　塩　砂糖　かつお節）

▼作り方

①茹でた蟹身は、殻をはずして軟骨を除き、四センチ長さに切ります。

②鮑は塩でもんでぬめりと汚れを取り、水洗いしてから輪切りにした大根をのせて蒸し器で二、三時間蒸し、五ミリ厚さのそぎ切りにします。

③胡瓜は板ずりをしてから両端を切り、蛇腹にして薄い塩水に浸けます。うどは松葉うどに切り整えて酢水にさらします。

④器の奥に水気をきった蛇腹胡瓜をおき、手前に蟹身を重ねて鮑を脇に盛ります。松葉うどと防風を手前に添え、器の縁から土佐酢を注ぎます。

《鰻と海老の茶碗蒸し》（あつもの）

▼材料

鰻の蒲焼き　車海老　百合根　粟麸　三つ葉

茶碗蒸し地（卵　だし汁　淡口醤油　塩）
▼作り方
①鰻の蒲焼きを縦半分に切ってから二センチ程度の幅に切ります。車海老は背ワタを取って塩茹でし、頭と尾を切り落として殻をむきます。
②百合根は一片ずつにほぐして水から固めに茹でます。粟麸は食べよく切り、三つ葉は軸を一、二センチ長さに切ります。
③茶碗蒸し地の材料を合わせて布漉しします。器に鰻と車海老、百合根、粟麸を入れて茶碗蒸し地を流し入れ、軸三つ葉を散らします。蓋をして蒸し器で蒸し、表面が固まってきたら弱火にし一五分程度蒸します。

《油もの》
▼材料
［**鱧のあられ揚げ**］
鱧のおろし身　塩　小麦粉　卵白　素焼きのあられ粉　揚げ油
［**茄子と赤芋、しし唐辛子の天ぷら**］
茄子　赤芋　しし唐辛子　天ぷら衣（卵　小麦粉　水）揚げ油　おろし大根　一味唐辛子
天つゆ（だし汁　濃口醤油　淡口醤油　みりん　かつお節）
▼作り方
①**鱧のあられ揚げ**は一六二頁の鱧のあられ揚げを参照して作ります。
②**茄子と赤芋、しし唐辛子の天ぷら**を作ります。赤芋は一センチ位の厚さの輪切りにして皮をむきます。茄子は成り口を切って一センチ厚さの短冊に整え、縦に五ミリ間隔の切り込みを入れます。しし唐辛子は爪楊枝などで表面に数カ所穴をあけて空気を抜きます。一七〇度位に熱した揚げ油で、天ぷら衣にくぐらせた赤芋、茄子、しし唐辛子を揚げます。
③和紙を敷いた器に鱧のあられ揚げ、茄子と赤芋、しし唐辛子の天ぷらを盛り一味唐辛子を振ったおろし大根を添え、天つゆを別添えにします。
◆天つゆは材料を煮立たせて、追いがつおをして布漉ししたものです。

《ご飯》
▼材料
白飯　赤だし（だし汁　赤だし味噌　白味噌　淡口醤油　なめこ　三つ葉　粉山椒）
香の物（沢庵　奈良漬け　椎茸の含め煮）
▼作り方
①赤だしを作ります。だし汁を火にかけ、赤だし味噌と少量の白味噌を合わせて溶き混ぜ、淡口醤油少量で味を調えます。煮立ったら水に通したなめこを入れ、火を止める寸前に刻んだ軸三つ葉を加えます。椀に盛って吸い口に粉山椒を振ります。
②炊きたての白飯を飯茶碗に盛り、赤だしの椀とともに置き、刻んだ沢庵と適当な大きさに切った奈良漬け、椎茸の含め煮を盛り合わせた香の物を一緒にお出しします。

《水菓子》
▼材料
柿　巨峰
▼作り方
柿はへたを切り落として皮をむき、四つに切ります。巨峰は水で洗ったらへたの部分を座りよく切り落とします。これらを形よく器に盛ります。

【鱧を味わい尽くす】

◉鱧の肝松風 （カラー一一九頁）

▼材料
肝しんじょ地（鱧の肝　白身魚のすり身　だし汁　浮き粉　赤味噌　淡口醤油　砂糖）
干しぶどう　ブランデー　松の実　白胡麻
やまももの焼酎漬け（やまもも　リカー酒　氷砂糖）

▼作り方
①鱧の肝は一二一頁を参照して丁寧に下処理し、毛漉しにかけて裏漉ししてなめらかにします。
②肝しんじょ地を作ります。白身魚のすり身を当たり鉢で当たり、だし汁で溶いた浮き粉を加えてのばし、裏漉しした鱧の肝と赤味噌をすり混ぜます。なめらかになったら淡口醤油と砂糖で味を調え、ブランデーに漬けて戻した干しぶどうと松の実を混ぜます。
③肝しんじょ地を流し缶に流し入れて表面を平らにならし、白胡麻をたっぷりと振って一八〇度のオーブンで約一〇分、続いて温度を一五〇度に下げてさらに約一〇分焼きます。
④焼き上がったら流し缶から取り出して薄く切り、一人分二切れずつ器に盛り、やまももの焼酎漬け（一七〇頁祭り弁当参照）を添えます。

◉鱧の肝　胡麻豆腐 （カラー一二〇頁）

▼材料
鱧の肝　煮汁（だし汁　濃口醤油　酒　砂糖）
胡麻豆腐（白胡麻　葛　だし汁　塩　酒　みりん）
車海老　針海苔　おろし生姜
美味だし（だし汁　濃口醤油　みりん　酒　砂糖　かつお節）

▼作り方
①鱧の肝は一二一頁を参照して下処理し、煮汁の材料を合わせたもので炊いて細かく切ります。
②胡麻豆腐を作ります。白胡麻を鍋でよく煎り、香りが出てきたらねっとりとするまで当たり、葛を加えてすり混ぜます。なめらかになったらだし汁を少しずつ加えながらすりのばして布漉しします。これを弱火にかけ、ゆっくりと木杓子で練ります。塩、酒、みりんを加え、弾力が出るまで練り続けます。
③②の胡麻豆腐に細かく切った鱧の肝を混ぜ、ラップを敷いた器に一人分ずつ流し入れ、ラップごと形よく絞り、冷やし固めます。
④美味だしは、だし汁と調味料を合わせたものに追いがつおをして作り、冷やしておきます。
⑤鱧の肝の胡麻豆腐を器に盛り、中心に塩茹でして殻を除いた車海老とおろし生姜をのせ、針海苔を天に盛ります。冷たく冷やした美味だしを器の縁から注いでお出しします。

◉鱧肝煮　胡麻酢和え添え （カラー一二二頁）

▼材料
鱧の肝　煮汁（酒　濃口醤油　みりん　砂糖）
三度豆　松の実　胡麻酢（白胡麻　土佐酢　淡口醤油　みりん）
生姜

▼作り方
①鱧の肝は一二一頁を参照して下処理し、煮汁で煮て甘辛めに味を含ませます。
②三度豆と松の実の胡麻酢和えを作ります。三度豆は塩少々を入れた熱

湯で茹でてザルにあげ、二センチ長さ位に切ります。松の実は半分に切ります。白胡麻を香りがたってくるまで煎って当たり鉢で当たり、ペースト状になったら土佐酢（一四二頁鱧のカピタン漬け参照）を加えて溶きのばし、淡口醤油とみりんで味を調え、三度豆と松の実をざっくりと和えます。ほおずきのがくを器替わりにして胡麻酢和えを盛ります。
③猪口に鱧の肝を盛って針生姜を天に添え、氷を敷きつめた大鉢の中心におき、ほおずきのがくに盛った三度豆と松の実の胡麻酢和えを鱧の肝の回りに並べます。

●水無月豆腐

（カラー一一三頁）

▼材料
鱧の肝　八方地（だし汁　淡口醤油　みりん）
胡麻豆腐（白胡麻　葛　だし汁　塩　酒　みりん）
八方地ゼリー（だし汁　淡口醤油　みりん　ゼラチン）
美味だし（だし汁　濃口醤油　みりん　酒　砂糖　かつお節）
柚子

▼作り方
①鱧の肝は一一一頁を参照して下処理し、ひと煮立ちさせた八方地で煮ます。炊きあがったら汁気をきって細かく切ります。
②胡麻豆腐は一七九頁の鱧の肝　胡麻豆腐を参照して作り、生地を流し缶に入れて冷蔵庫で冷やし固めます。
③八方地ゼリーを作ります。だし汁に淡口醤油とみりんを煮立たせて作った八方地に、水でふやかしたゼラチンを加えて煮溶かします。ここに細かく切った鱧の肝を混ぜて粗熱を取り、冷やし固めた胡麻豆腐の上に流し入れてさらに冷やします。
④③が固まったら、流し缶から取り出し、水無月を意識して三角に切りわけます。器に盛って美味だしを張り、柚子の皮を振ります。

●鱧の肝のテリーヌ　胡麻ソース添え

（カラー一一三頁）

▼材料
鱧の肝　煮汁（だし汁　淡口醤油　みりん）
グリーンアスパラガス　赤ピーマン
ゼリー地（鱧の中骨　水　かつお節　淡口醤油　みりん　寒天　ゼラチン　生姜の絞り汁）
胡麻だれ（白胡麻ペースト　土佐酢　淡口醤油　砂糖）
チャービル　実山椒の佃煮

▼作り方
①鱧の肝は一一一頁を参照して下処理し、だし汁と調味料を合わせた煮汁で煮て味を含めます。
②グリーンアスパラガスは袴を取って塩茹でにします。赤ピーマンはへたと種を除いて縦に切ります。
③ゼリー地を作ります。鍋に水と鱧の骨を入れて火にかけ、煮立ってきたらアクをひいて煮出します。かつお節を加えて再び煮立たせて火をとめ、布巾で漉します。これを火にかけて淡口醤油とみりん、生姜の絞り汁を加え、水で戻した寒天とふやかしたゼラチンを混ぜて煮溶かします。
④流し缶に鱧の肝を並べてゼリー地を流し入れ、冷蔵庫で冷やし固めます。固まったらゼリーの上にグリーンアスパラガスを並べ、ゼリー地を流し入れて冷やし固めます。同様にして赤ピーマンを重ねてゼリー地を流し、冷やし固めます。
⑤胡麻だれを作ります。白胡麻のペーストを用意し、土佐酢でのばし、淡口醤油と砂糖を加えて味を調えます。
⑥冷やし固めた鱧の肝のテリーヌを流し缶から取り出して切りわけ、器に盛ります。チャービルと実山椒を上にのせて、胡麻だれをかけます。
◆土佐酢は一四二頁の鱧のカピタン漬けを、実山椒の佃煮は一四〇頁の鱧寿司を参照して下さい。

◉鱧の子の石垣小芋

（カラー一二四頁）

▼材料

鱧の子　煮汁（だし汁　淡口醤油　酒　みりん　砂糖）

しんじょ地（白身魚のすり身　だし汁　淡口醤油　みりん　浮き粉）

小芋　煮汁（だし汁　淡口醤油　みりん）

卵黄　柚子

▼作り方

①鱧の子は一二五頁を参照して掃除し、煮汁の材料を煮立たせた中に入れて味を含ませ、ザルにあげて汁気をきっておきます。

②しんじょ地を作ります。白身魚のすり身にだし汁と材料の調味料、だし汁で溶いた浮き粉を加えてなめらかになるまですり混ぜ、汁気をきった鱧の子を加えてざっくりと混ぜ合わせます。

③小芋は形を整えながら皮をむき、茹でこぼしてから材料の煮汁で煮て味を含ませます。

④流し缶に汁気をきった小芋を並べ、鱧の子を混ぜたしんじょ地をきっちりと詰め、表面を平に整えて蒸し器で蒸します。

⑤蒸し上がったら刷毛で表面に卵黄をぬり、卵黄が乾く程度に天火であぶります。これを冷蔵庫でよく冷やしてから切りわけ、器に盛ったら柚子の皮をおろしたものを天に添えます。

◉鱧の子の塩辛

（カラー一二六頁）

▼材料

鱧の子　塩　酒　旨味調味料　キャビア

▼作り方

①鱧の子は流水にさらして汚れを丁寧に取り除きます。水が澄んできたらさらし布巾に取って、一粒一粒の薄皮を除くようにもみます。これをボールの上に重ねたザルにあけ、手で混ぜるようにしてボールに鱧の子を落とします。ボールに流れ出た鱧の子に再び水を流し入れてさらします。浮いてくる子や血合いがなくなったら同様にしてボールに重ねたザルにあげます。この工程を何度か繰り返し、水に濁りがなくなったら水気をきります。

②掃除した鱧の子は塩と少量の酒、旨味調味料で味を調えて密閉容器に入れ、冷蔵庫で約二週間寝かせます。

③鱧の子の塩辛を器に盛り、キャビアを天に盛ります。

◉鱧の子のゼリー寄せ

（カラー一二六頁）

▼材料

鱧の子ゼリー地（鱧の子　だし汁　淡口醤油　みりん　ゼラチン）

八方地ゼリー地（だし汁　淡口醤油　みりん　ゼラチン）

▼作り方

①鱧の子ゼリーを作ります。鱧の子は一二五頁を参照して下処理します。だし汁と調味料を合わせて火にかけ、煮立ったら鱧の子を加えて煮含めます。煮上がったら水でふやかしたゼラチンを混ぜて溶かして粗熱を取り、ゼリー地の半分をバットに流し入れ、冷蔵庫で冷やし固めます。

②八方地ゼリーを作ります。八方地に水でふやかしたゼラチンを混ぜて溶かし、粗熱を取ったら冷やし固めた鱧の子ゼリーの上に流し入れて再び冷蔵庫で冷やし固めます。その上に先の残りの鱧の子ゼリー地を湯せんにかけて流し込み、さらに冷やし固めます。提供時に抜き型で円形に抜いてから、端を一箇所座りよく切り調えて器に盛ります。

◆ここで使う八方地はみりんを多めにして、若干味を強くしています。振り柚子をして風味を加えることもあります。

◆鱧の子のゼリーのみを供することも出来ます。その場合には、美味だし（一七九頁鱧の肝　胡麻豆腐参照）を回しかけ、振り柚子をしてお出しするとよいでしょう。

◉鱧の胃袋と胡瓜の土佐酢和え　（カラー一二七頁）

▼材料
鱧の胃袋　胡瓜　塩　土佐酢（酢　だし汁　淡口醤油　みりん　塩　砂糖　かつお節）　葛　白髪ねぎ

▼作り方
①鱧の胃袋は一二七頁を参照して下処理し、二、三ミリ幅に切ります。
②胡瓜は種を除いてせん切りにし、塩を振っておきます。しんなりとしてきたら水気を絞ります。
③土佐酢を作ります。だし汁と調味料を鍋に合わせて煮立たせ、追いがつおをして再び煮立ったら火を止めて布巾で漉します。これを鍋に戻して火にかけ、水溶きの葛を加えてとろみをつけたら火からおろし、よく冷やします。
④鱧の胃袋と胡瓜をざっくり合わせて③の土佐酢で和え、器に盛って天に白髪ねぎを盛ります。
◆鱧の胃袋を使った料理は、量が多いと胃袋の固さばかりが印象に残ってしまいますので、少量を供するほうがよいかと思います。

◉鱧の浮き袋しんじょ　（カラー一二八頁）

▼材料
鱧の浮き袋
雲丹しんじょ地（生雲丹　白身魚のすり身　卵黄　だし汁　浮き粉　サラダ油）
八方地（だし汁　淡口醤油　みりん　酒）
柚子

▼作り方
①鱧の浮き袋は一二九頁を参照して下処理します。
②雲丹しんじょ地を作ります。白身魚のすり身を当たり鉢で当たり、卵黄、だし汁で溶いた浮き粉、サラダ油を加え、なめらかになるまでずり混ぜたら、生雲丹を合わせます。
③雲丹しんじょ地を絞り袋に入れ、下茹でした浮き袋に絞り入れます。八方地の材料を煮立たせた中にしんじょ地を詰めた浮き袋を入れて煮含めます。粗熱を取ってから冷蔵庫で冷やします。
④冷やした鱧の浮き袋しんじょを二センチ程度の幅に切り、氷を敷きつめた器に盛って振り柚子をします。
◆ここでは、鱧の浮き袋しんじょを冷たく冷やして供しましたが、温かいままでも美味しく頂けます。
◆しんじょ地には雲丹を合わせましたが、紫頭巾なども合いますし、取り合わせるものを工夫すると料理に幅が出てきます。

◉鱧笛の酢のもの　（カラー一二八頁）

▼材料
鱧の浮き袋　胡瓜　塩　土佐酢（酢　だし汁　淡口醤油　みりん　塩　砂糖　かつお節）
紫芽

▼作り方
①鱧の浮き袋は一二九頁を参照して掃除し、適度な大きさに切ります。
②胡瓜は小口から薄く切って塩を振り、しんなりとしてきたら水気を絞ります。
③器に胡瓜を盛り、茹でた鱧の浮き袋を重ねて土佐酢を器の縁から注ぎ、天に紫芽をのせて仕上げます。
◆この料理に使う土佐酢は甘さを抑えた方が合います。二杯酢を使って

も美味しく仕上がります。

◉鱧皮と青唐辛子の鍬焼き（カラー一三〇頁）

▼材料
焼き鱧の皮　青唐辛子　サラダ油　濃口醤油　みりん
▼作り方
①鱧皮はつけ焼きにしたものを使い、細く切ります。
②青唐辛子は成り口を落とし、種を取り除きます。
③フライパンにサラダ油を熱し、鱧皮と青唐辛子を入れてさっと炒めたら、濃口醤油とみりんを加えて全体を炒め合わせ、器に盛ります。
◆青唐辛子の食感を活かすよう、手早く炒め合わせることがポイントです。粉山椒をふって風味にアクセントをつけてもよいでしょう。

◉鱧皮ご飯（カラー一三〇頁）

▼材料
焼き鱧の皮　干しこのこ　三つ葉
丼のたれ（鱧の中骨　酒　みりん　たまり醤油　濃口醤油　砂糖）
白飯　粉山椒
▼作り方
①鱧の皮は、焼き鱧の身をせせった残りのものを使い、細切りにします。
②干しこのこは軽く火であぶって細切りにします。三つ葉は軸を使い、塩を少量入れた熱湯で茹でて適当な長さに切り揃えます。
③茶碗に白飯を軽く盛り、鱧皮、干しこのこ、軸三つ葉を彩りよくのせ、丼のたれを回しかけます。粉山椒を多めに振ってお出しします。
◆丼のたれ／鱧の中骨を使って作るコクのあるたれが、味のまとめ役となります。中骨は香ばしくあぶってから使います。作り方は一一六頁を参照して下さい。

◉鱧皮の変わり八幡巻き（カラー一三一頁）

▼材料
鱧皮　うど　八方地（だし汁　淡口醤油　みりん）
旨だれ（濃口醤油　たまり醤油　みりん　酒　水）
粉山椒
▼作り方
①鱧皮は生のものを用意します。
②うどは皮をむいて筋を取りながら形を整え、鱧皮の幅に合わせて長さを整え、二、三ミリ角の拍子木に切ります。これを酢少々を加えた熱湯で茹でてアクを抜き、八方地でさっと煮てザルに取り、直径三、四センチ位の束にまとめて小原木うどにします。
③鱧皮の身側に小原木うどをのせて巻き込み、アルミホイルで包んで蒸します。
④蒸し上がったらアルミホイルをはずし、鱧皮の八幡巻きに金串を末広に打ちます。表面にまんべんなく旨だれをかけながら焼き、仕上げに粉山椒を振ります。
◆鱧皮の八幡巻きには、たまり醤油とみりんを加えて煮詰めた旨だれの、こってりとした甘辛さが合うようです。焦げやすいので火加減に注意しながら、生臭さが残らないようきちんと焼き上げるようにします。

◉鱧の頭の南蛮漬け（カラー一三一頁）

▼材料
鱧の頭　揚げ油
南蛮酢（酢　だし汁　淡口醤油　みりん　酒　砂糖　鷹の爪　長葱）

▼作り方

①南蛮酢を作ります。酢にだし汁（又は水）を合わせ、材料の調味料で味を調えてひと煮立ちさせたのち冷やします。この中に網焼きにした長葱を三センチ長さに切ったものと、鷹の爪を加えます。

②鱧の頭はエラをはずして内側の血合いや黒い薄皮を取り除き、口先の部分を切り落としたら丁寧に水洗いし、水気を拭き取ります。

③掃除した鱧の頭をまず、表面に焦げ目がつくまでしっかりと両面を焼きます。これを一四〇度位の低めの揚げ油で、じっくりと揚げます。

④揚げたての鱧の頭を南蛮酢に漬け、一晩おいて味をなじませます。

◆鱧の頭を揚げる前に焼くことで、皮がぶよぶよした感じに仕上がるのを防ぎますし、香ばしさも加えることができます。焼いてから揚げるという手間がかけられない場合は、二度揚げしてから南蛮酢に漬けるようにします。

◉骨煎餅

（カラー一三三頁）

▼材料

鱧の中骨　鱧の腹骨　鱧の背ビレ　昆布　菊の葉　揚げ油　片栗粉　塩

▼作り方

①鱧の中骨は二本用意します。一本は骨の際に残っている身を丁寧にせせり取ってからたわしで丁寧に洗って血合いを除き、結んで形を整えて一晩風干しします。もう一本は、際に残った身を活かし、血合いの部分を竹串などでせせるようにしてきれいに取り除き、そのままの状態で同様に一晩風干しします。腹骨と背ビレも形を整えて同様に風干しします。

②菊の葉はきれいに洗って水気を拭き取ります。昆布は二センチ角に切ります。

③一八〇度に熱した揚げ油で、鱧の中骨と背ビレを素揚げにします。中骨をまっすぐにしたものは一度揚げに、結んで形を整えたものは二度揚げにして、からりと仕上げます。腹骨は薄く片栗粉をまぶして揚げ、菊の葉と昆布は素揚げにします。

④熱いうちに塩を振り、和紙を敷いた器に盛って供します。

◉新玉ねぎの鱧の潮煮

（カラー一三四頁）

▼材料

鱧のだし汁（鱧の頭　中骨　水　昆布）

新玉葱　塩　淡口醤油　酒　葛

針生姜

▼作り方

①鱧のだし汁は一一五頁の鱧の中骨を使うだしとたれの部分を参照して作ります。

②新玉葱は皮をむき、成り口と根の部分を切り落とし、鱧のだし汁に塩と淡口醤油、酒を加えて味を調えた煮汁で柔らかくなるまで煮て、冷たく冷やします。

③新玉葱を煮た煮汁を別鍋に取って火にかけ、水溶きの葛を加えてとろみをつけ、冷たく冷やします。

④器に冷やした新玉葱を盛ってとろみをつけた煮汁を回しかけ、針生姜を天にのせます。

あとがきに代えて　體本来の力、特徴を活かした料理を

本書で紹介した料理は、義父と実際「わた亀」でお客様にお出ししている料理と、常々こういうのを創ってみたいと思っていた料理を約四年間に渡りまとめたものです。京都の料理店・仕出し店にとって體への思い入れは相当強いものがあると思いますが、家でも一年間の内、約半分の期間體に接しているわけですから、かなり頭と気を使っていると思います。

話は少しそれるようですが、人生のターニングポイントもそろそろ近づいてきたこの頃、人生とは、幸福とは何だろうと、あらためて考えることがありますが、二十代の頃とは明らかに違ってきていると感じます。自分を支えてくれている周りの人達の存在と気持ち、本当の幸せとは、自分の周りの人達をいかに幸福にするかで決まるということ、今まで見えなかったことが少し見えてきたように思います。

料理に関しても、本当に美味しい料理、よい料理というのは、その時期に自然に取れたものを取り合わせ、あまり手を加えずに自然に近いままお客さんの口に入れてもらう、素材本来の力、特徴を活かすことが大切だと今は考えています。また、料理を創る側として、常に美味しい味を出せる様に健康でいなくてはいけないし、精神状態の良し悪しももろに料理に影響するはずです。さらに、料理を盛りつける器も重要です。淡い春にはこの器、蒸し暑い夏には涼しげなガラスのこの器、深まりゆく秋にはこの器、合わせる素材の種類や、色形、これらを考慮して選ばなくてはなりません。料理の素材、香り、色、そして器に盛った料理で、今そこに訪れている日本特有の四季を五感で感じとって頂くことが私の仕事だと思っています。

我々の商売というのはお客さんをもてなすということが根本です。即ちサービス精神をどれだけ発揮できるかにあると思います。もっと美味しい料理を召し上がってもらいたい、もっとこの料理に合う器はないだろうか、もっといい設《しつら》いは、この精神がその店の発展につながりますから、この気持ちを持ち続けることが大切になってきます。だから次の世代を担う私の子供達には料理の技術的なことよりもこの気持ちを伝えていきたいと思っています。

伝統を守る、暖簾を守っていくということは、その時代に合わし新しい考えを持って挑戦する気持ちを持ち続けることと、今までのよいものは残していくという二つの気持ちがなければ先細りし、次の世代に送れないと思います。本書でも今まで體と取り合わすことがなかったような素材もあえて自分なりにアレンジして使いました。そうすることにより體の料理にも幅が増し、今まで口に入れてもらえなかった人にでも食べてみようかという気持ちを持って頂ければ大変ありがたいし、今まであまりスポットライトが当たらなかった體料理を創ってみようかという読者が現れれば幸いかと思います。

最後になりましたが、旭屋出版の永瀬副社長、加藤編集長、担当の緒方さん、カメラマンの吉田さん、ライターの駒井さん、「わた亀」のスタッフ、皆さんのご協力により発刊できたことを決して忘れず感謝いたします。

「わた亀」五代目　高見　浩

苗村忠男

昭和六年十月二十日京都市中京区生まれ。旧京都市立第一商業学校を卒業後、ただちに京料理「わた亀」三代目の父親について修業。四代目として仕出し・京料理の伝統を継ぐ。心をこめて素材や料理に対し、目にも舌にも美味しい料理を供するのがモットー。

- ●京料理展示会への出品は三十回を超え、度々、知事賞、市長賞を受賞
- ●各料理学校講師を務める
- ●平成八年度、京都府優秀技能者（現在の名工）受賞
- ●京都料理組合理事
- ●西京料理飲食業組合副理事長

高見　浩

昭和三十四年一月十四日京都市中京区生まれ。京都産業大学法学部を卒業後、京料理「わた亀」五代目として調理場に立ち、現在に至る。伝統を守りながら、一方で既成概念に捉われず素材と対峙することを心がけ、日々料理の創意に励む。

- ●京都府飲食業環境衛生同業組合青年部会長
- ●京都魚菜酢商協同組合青年直前会長
- ●京都料理芽生会副会長
- ●（社）京都青年会議所会員

京料理「わた亀」

鱧料理の技術、味ともに高く評価されている仕出し料理店で明治初期の創業。京の伝統料理、郷土料理を大切に伝承しつつ、新しい味創りにも前向きに取り組み、豊かな味わいの京都ならではの弁当、会席料理を提供。

右は、仕出し料理の本店。写真上の別館では会席料理を提供。

■住所／京都市右京区四条通り西大路西入る
■電話／075-313-1393

本格派の鱧料理 127品

京都が育んだ味と技術

発行日――平成27年5月1日　初版発行

著　者――苗村《なえむら》忠男《ただお》
　　　　　高見《たかみ》　浩《ひろし》

制作者――永瀬正人

発行者――早嶋　茂

発行所――株式会社　旭屋出版
〒107-0052
東京都港区赤坂1-7-19
キャピタル赤坂ビル8F
電　話　03-3560-9065（販売）
電　話　03-3560-9066（編集）
ＦＡＸ　03-3560-9071
郵便振替口座番号　00150-1-19572

印刷・製本――共同印刷株式会社

※落丁、乱丁本はお取り替えいたします。

ISBN978-4-7511-1140-6　C2077

※本書は、平成11年弊社刊行の『鱧料理―京都が育んだ味と技術』（6500円+税）を改題し、廉価版として再出版したものです。